インド仏跡ガイド

桜井俊彦

法藏館

ブッダガヤーの大塔（ブッダガヤー）

初転法輪寺
（サールナート、右上）

霊鷲山の夜明け
（ラージギール、右中）

パータリプトラ宮殿跡
（パトナ、右下）

釈迦涅槃像（クシーナガル）

朝もやのルンビニー（ルンビニー）

カピラ城址（インド、ピプラーワー）

ガンジス河の夜明け（ベナレス）

まえがき

二十世紀はアメリカとソ連（現ロシア）が覇権《はけん》を争い、二十一世紀に台頭して新たに覇権争いに加わった中国も含め、世界はますます行きづまっています。そんな中で平和が脅かされ、戦争や深刻な飢餓に苦しむ人は後を絶たず、人類はますます深い不安に陥っています。

その背景には、利益や目先の出来事にとらわれる実りのない考え方があり、その根底には深い無明《むみょう》（まよい）への埋没があるように思えます。そして、そのために判断を誤り、その行為は輪廻《りんね》の繰り返しから解脱《げだつ》（さとり）に到達できない苦悩に陥っていると思えてなりません。

このような不安と苦悩の解決は、精神と物質、信仰と理性、精神と外界といった二元的な対立の考えから抜け出し、ほんとうの智慧《ちえ》を求めるほかないと思います。それには、自己や自国の執着心《しゅうじゃくしん》を否定し続けることによってあらわれる、主体と客体の発想を超えた一元的な考え方にそって実現してゆくほかありません。

その真実の智慧を示されたのがブッダであり、世界の平和が求められる現代には、ブッダの生き方と教えをよりどころとすることがますます必要と思われます。

そのブッダを生んだ土壌インド、そして高い思想性を生んだインド。そのインドの仏跡をめぐった私の小体験を記録した本書によって、少しでもブッダの精神に近づいていただけたら幸いです。

執筆にあたっては、これから仏跡旅行に行かれる方のガイドブックとなるように、所要時間や区間距離も入れるように心がけました。仏跡にすでに行かれた方には復習として、行かれたことのない方でも、日本文化との関わりを感じていただけるような題材を多く取り上げるように配慮しました。

本書は、最初に私の仏跡巡拝の体験を「旅日記」として記しながら、その地にかかわりのある「中村元《はじめ》先生のことば」と「櫻井鎔俊和上《ようしゅんわじょう》のことば」を導きとして、「釈尊《しゃくそん》（ブッダ）のあしあと」をたどることにしました。私にとって学問の師と仰ぐ中村先生には、東京大学を退官後設立された東方学院で二十四年にわたりブッダについて教えていただきました。櫻井和上は父ではありますが、信仰の師として念仏道場「真々園《しんしんえん》」で親鸞聖人の教えを学びました。

それで、私の浅薄《せんぱく》な知識をお伝えするより、ブッダの教えを学問的に解説された「中村先生のことば」と、信仰体験をとおして味わわれた「櫻井和上のことば」を紹介することにしました。筆のおよばぬところも多々ありますがご寛恕《かんじょ》たまわり、ご一読を乞うところです。

二〇一四年六月

著者　桜井俊彦

インド仏跡ガイド　目次

第二章　仏跡ガイド

1 ラージギール〜布教の拠点

4 サールナート〜初転法輪の地、鹿野苑

インド仏跡ガイド

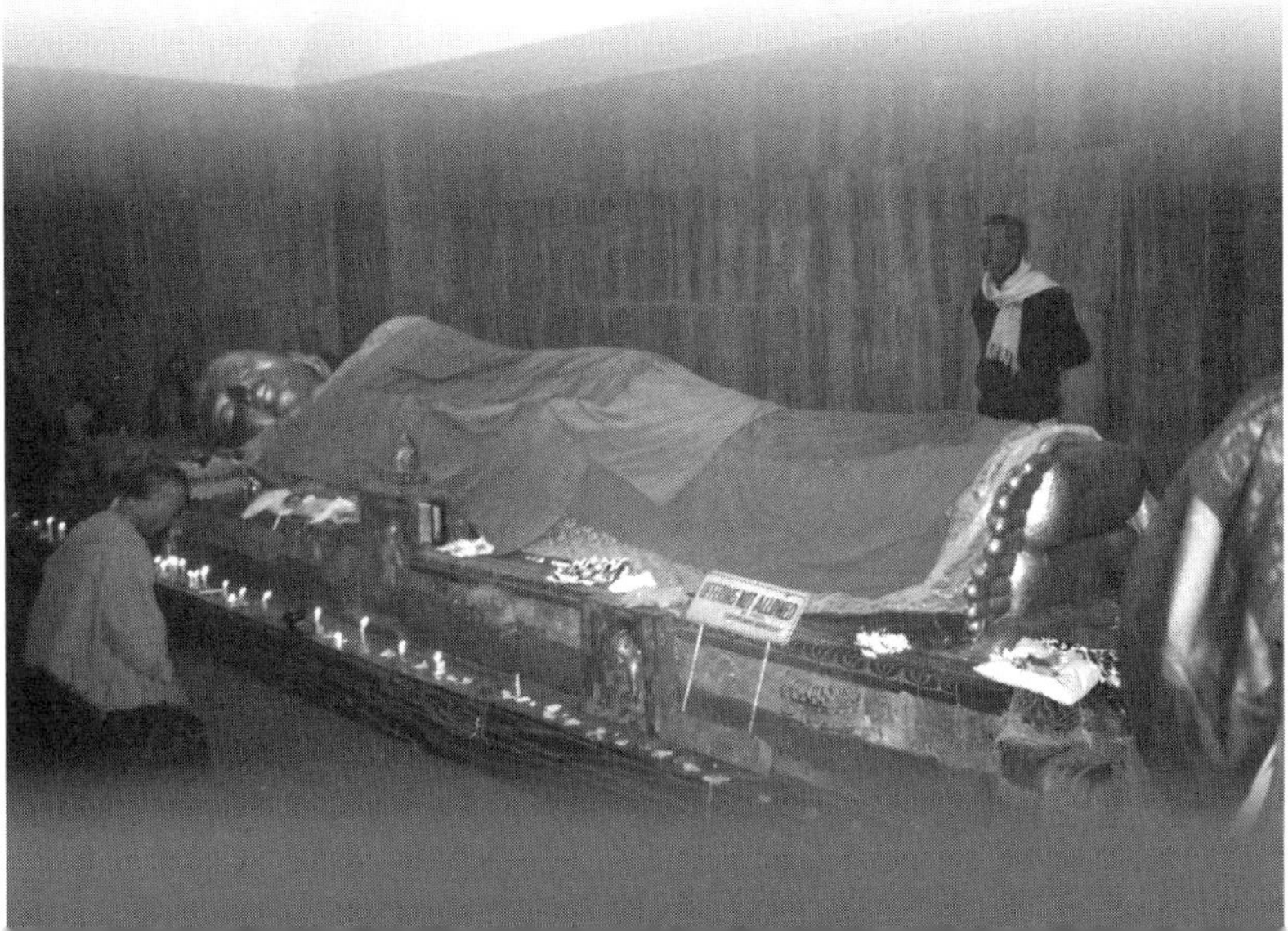

第一章　仏跡巡拝の前に

1 ラージギールへの道

旅行ガイド

ラージギールにある王舎城跡は周囲を山に囲まれています。ラージギールに向かう道や、城内の辺鄙《へんぴ》な仏跡では盗賊の出るおそれがあります。現地や日本の旅行社のツアーを利用すれば最善の安全対策をとってくれるので安心ですが、一人歩きはなるべく避けたほうがいいでしょう。たまたま私たちの旅行の二日目に、交通事故の巻き添えで二台のバスは離ればなれになり、やむなく夜間の移動になりました。一般的にツアーでは夜間のバス移動はありません。

旅日記　二日目

デリーを十三時十五分に飛び立った飛行機は、一時間二十五分でパトナに到着（註1）。これから仏跡を八日間かけてまわるために、添乗員を含めた二十九人（男性十六人、女性十三人）を、空港前で二台のバスに分乗することになった。さらに現地ガイド、運転手、助手がそれぞれのバスに各一人乗車した。一号車は喫煙車、二号車は禁煙車。私は、人数の少ない喫煙車に乗ることにした。二台のバ

仏跡略図
ティラウラコット（カピラ城、ネパール説）
ルンビニー
サヘート（祇園精舎）
マヘート（舎衛城）
ピプラーワー
（カピラ城、インド説）
クシーナガル
国境
ヴァイシャーリ
サンカーシャ
パトナ
（パータリプトラ）
サールナート（鹿野苑）
ヴァラナシ（ベナレス）
ナーランダー
ラージャグリハ（王舎城）
ブッダガヤー
ネパール
デリー
マトゥラー
アグラ
サンカーシャ
ヴァラナシ（ベナレス）
インド
コルカタ（カルカッタ）
ムンバイ（ボンベイ）
チェンナイ（マドラス）
N

スは同じホテルに向かうので、荷物は振り分けずそのまま発車。それが夜になって困ることになろうとは、そのときは誰も予想しなかった。

この日はラージギールの近くにあるナーランダー大学跡に行く予定だったが、白川淳敬《じゅんきょう》団長の提案で行き先を変更し、パトナ市内にある「パータリプトラ宮殿跡」を見学することになった。このように通常の仏跡ツアーでは訪れることができない遺跡を訪問できたことはありがたいことであった。

パトナからラージギール（王舎城）へ

アショーカ王の宮殿跡である「パータリプトラ宮殿跡」を約一時間かけて見学したのち（二八頁）、二台のバスは王舎城のあったラージギールに向かった。パトナ市郊外は、前回訪れた二十年前と変わらず田園風景がひろがっていたが、新築の家もかなり増えていた。

私が乗車した一号車の現地ガイドのポールさんは、「二十年間でパトナの人口が十八万人から百八十万人と、十倍になった」と説明した。自然増加に加え、仕事のある都会に人が集中したためである。インド全体の人口が、六億人から十億人に急膨張したのもうなずける。

踏切での渋滞

道路は片側一車線で舗装がしてあり、歩行者は道路の端の舗装されていない所を歩くことになっ

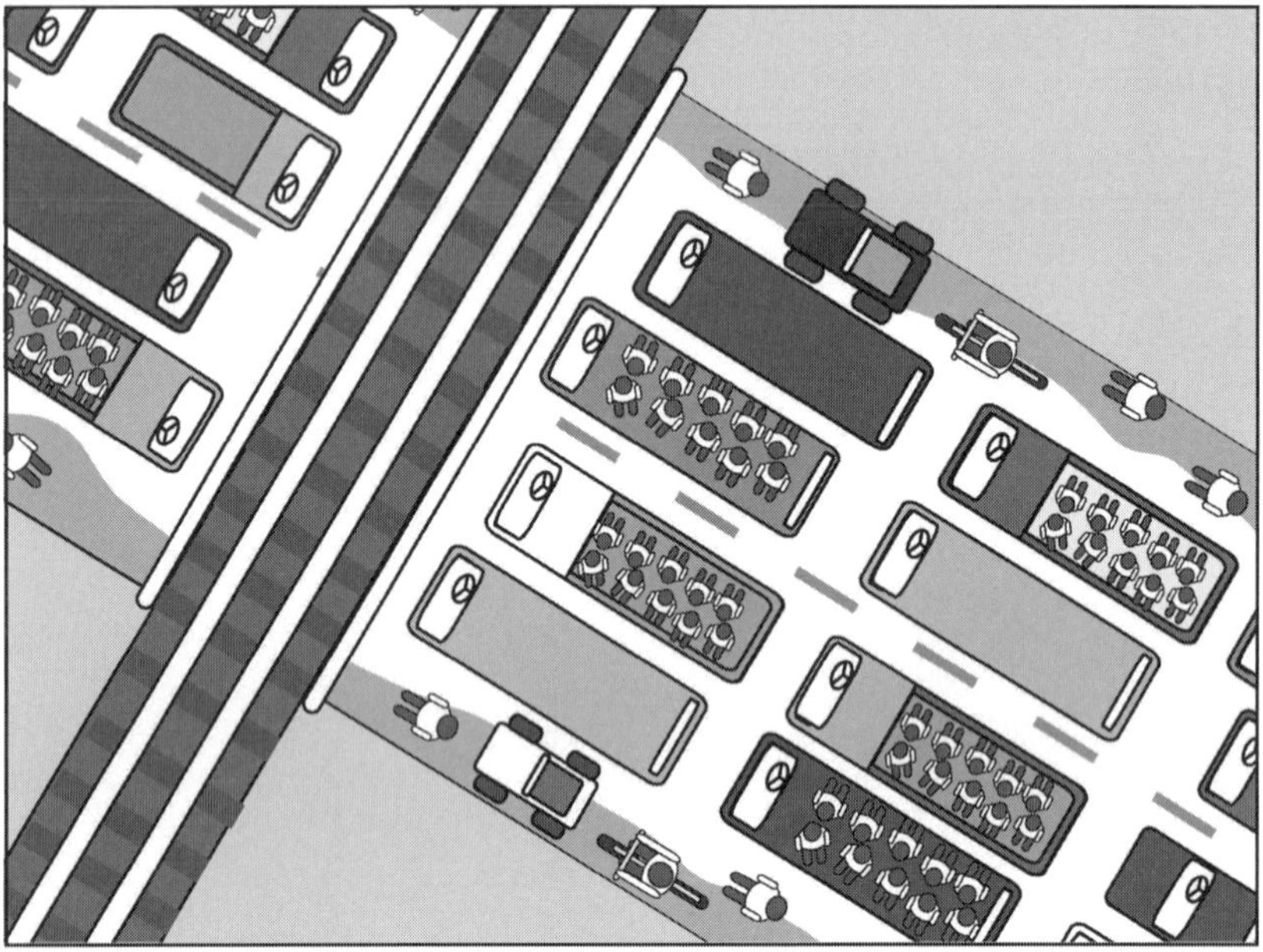

渋滞　バスの屋根やトラックの荷台は人でいっぱい

ている。車は途中までは順調に流れていたが、午後四時半に渋滞が始まった。原因は踏切だという。本来、片側の車線は一台しか走ってはいけないのだが、渋滞となると止まっている車の横に車が並び、その横をトラクターがすり抜けていくという状態になった。その上、対向車が来ないので反対側の車線も二列の横並びとなり、踏切をはさんで、道幅いっぱいに四台から六台が横に並び、車が道にあふれているといった状態である。警察官が交通整理でもしないかぎりは、とにかく前へ前へと進む。後ろにさがることなど考えていないようだ。

日本人のように「1+1=2」にこだわって規律と秩序を重んじる人種ならば、「この状態で踏切の遮断機があいたらどうなるのだろう」と心配するだろう。だが、ここはインドだ。どうにかならないはずはないのである。1＋1はかならずしも2になるとは限らないのだろう。こうなると「人間の知恵を持ったものが賢いのか愚かなのか」わからなくなってしまう。常識や自分のモノサシでは間に合わなくなる。「インドに行くと価値観が変わる」とはよく聞く言葉である。それがインドを訪れる魅力なのだろう。

さすがに「ゼロ（0）」を発見した国だけのことはある。ゼロの発見がなかったならば、数学はもとより自然科学や技術の発展はなかった。またゼロは仏教でいうところの「空《くう》」の思想ともつながる。櫻井鎔俊《ようしゅん》和上《わじょう》は「空とは、からっぽであっていっぱいつまっていること。ものの真実のすがたである。仕事に熱心であるのはいいが、執着《しゅうじゃく》（とらわれ）はいかん。執着を離れているところに仕事がうまくゆく理由がある。そこに空の原理が働いている」と言われた。

渋滞の様子を見て、ガイドのポールさんに「無秩序のままで秩序が保たれているようですね」と話すと、「それがインドらしいところです」と笑って答えてくれた。

こんなに早くインドの魅力に出会えるとは思いもよらなかった。こうした渋滞があるから、踏切付近では果物や飲食物を販売する店が出ているのだろう。どのように渋滞が解消したのか、残念ながら私の乗ったバスからは確認できなかった。二時間近くの渋滞を抜け出して、夕闇の中をバスはようやく順調に走り出した。

分断された二台のバス

パトナからラージギールまでは約一一〇キロある。その中間地点の「マムタ（愛情）・ホテル」という名のモーテルでトイレ休憩があった。日本でいうモーテルとは異なり、自動車旅行者のための宿泊所で、一泊およそ七～八〇〇円程度だという。

私が乗った一号車は、そのモーテルに午後七時半に到着。まずトイレに向かったが、男性用の小便器のタレ受けの高いのに驚いた。私の身長は一七二センチだが、それでもやっと用を足すことができるのだから、背が低い人はさぞかし苦労するだろう。以前訪れた南ドイツのフライブルク大学のトイレと同じくらいの高さだ。「インド人ってそんなに背が高かったかな」と疑問に思った。

二十年前にもこの近辺のドライブインでトイレ休憩をしたが、そのときは「トイレはどこですか」と店員に尋ねたら「奥へ」と言われ、奥に行ったら畑に出た。そこで再度トイレの場所を尋ねたら「その畑でしてください」と言われたので、みんなで大笑いをしたことを思い出した。(註2)

一号車の乗客十人は、それぞれに紅茶などを飲みながらのんびりと二号車の到着を待っていた。渋滞を抜け出した一八キロ前の地点で二号車が後ろにいるのを確認しているから、その地点から三十分もあれば到着するはずである。

しかし三十分待っても二号車は来ないし、後続の車も全然通らない。添乗員の二日市健司さんとガイドのポールさんが「たぶん事故があったのだろう」と、携帯電話で二号車と連絡を取ろうとしたが電波が届かない。ラージギールでの宿泊先である法華ホテルへの電話もつながらない。二号車との連絡がまったく取れなくなってしまった。

ようやく来た小型車の情報で、四十分前に七キロ手前で事故があり、三キロほど渋滞していることがわかった。一号車と二号車の間にいた大型トラックが事故を起こし、道路上で動けなくなったため通行止めになったのだという。

二号車が身動きできないとわかったので、ポールさんは、事故現場に向かうために車を借りる交渉に奔走したが、なかなかうまくいかず、十台目でようやく交渉が成立。ポールさん自身は一号車の乗客の安全確保のために残り、二日市さんと助手の二人が午後九時五十分頃に現場へ向かった。車で行ける所まで行き、そこから事故現場までの三キロは渋滞のため徒歩。添乗員の二日市さんは、車を降りて懐中電灯をつけようとしたが、金持ちにみられてかえって危険なので、真っ暗な道を四十五分ほど歩き、二人は二号車にたどりついた。

緊迫の二号車

前進できない二号車は、二人が到着する前に、ちょうどそこにいた路線バスといっしょに迂回路を行くことになっていた。渋滞のなかでの大型バスの方向転換は、なかなか大変だったようだ。二号車が方向転換したときには、路線バスはもういなくなっており、観光バス一台で迂回路を行くのは強盗に襲われる危険性があるので、もと来た道をパトナへ戻ることになった。

バスは「乗せてくれ」という地元民たちに取り囲まれたが、親切心を起こして乗せてしまうと強盗に急変することがあるそうだ。二号車の現地ガイドのイドリスさんの指示で、窓のカーテンを閉め、電気を消した。外から中の様子を見えなくするためだ。真っ暗になったバスの中に、緊張と恐怖の空気が流れた。

助手席側の窓が「ドンドン」とたたかれたが応答しなかったため、強引にドアを開けようとゆすってきた。

そのときドアが開けられた。Fさんはその瞬間「もうだめだ」と思ったという。「あ〜〜」という安堵の声があちこちでもれた。入ってきたのは、一号車の添乗員の二日市さんだった。二号車の乗客は、一号車はとっくにラージギールに向かったと思っていたので、一号車の人が来るとは思ってもみなかったのだ。

インドの交通事故は開通するまでに半日から一日かかるのだという。二号車は泊まるあてのないパトナに再び向かい、市内に着いてからホテルと交渉。二十三人が宿泊できるホテルはなかなか見つからず、二号車の一行がホテルに入ったのは深夜二時半を過ぎていたそうだ。

のんびりムードの一号車

いっぽう、一号車の一行は、出発までの三時間半じつにのんびりと楽しく過ごしていた。

モーテルの食堂では、一番安い卵カレー（約六〇円）とナン（約一一円）を注文した。(註3) このカレーは絶品で、旅行中にホテルやレストランで食べた数々のカレーの中でも群を抜いておいしかった。

こくがあり、辛さと甘さのハーモニーがぴったり。日本で店を出したら行列店となること間違いないだろうと思うほどだった。

一号車は喫煙車だが停車中に車内でタバコを吸うと煙がこもるので、喫煙者たちはモーテルのオープンカフェで一服、二服……。車内に戻れば、いつも明るい女性陣を中心におしゃべりの花が咲き、笑い声が絶えない状態だった。

深夜の危険地帯突破

そうこうしているうちに、添乗員の二日市さんを二号車に残して、助手だけが戻ったので、一号車は深夜十一時にラージギールに向かって出発した。バスが走り出すとポールさんは「カーテンを閉めてください。電気を消してください」と言った。

私は二十年前のことを思い出した。そのときはカルカッタが濃霧で飛行機の出発が遅れたため、ラージギールに着いたのは夕刻だった。そのときに現地ガイドのカマルさんから、ラージギールから ブッダガヤーに向かう山越えは、暗くなると危険だとの説明があった。あれから二十年、いまも変わらないようだ。日本がいかに治安のよい国か、外国に行くとよくわかる。

バスは真っ暗な道をひた走った。深夜なので対向車はほとんどない。しばらく走ると、暗闇のなかで銃を持った二人の男がバスに止まるように指示している。最前列にいた私は「もしかして……」と思った。運転手がドアを開けると、彼らは挨拶をして乗り込んできた。ポールさんによると、二人は現地の警察官だという。夜間に走行するので安全のために、宿泊先の法華ホテルを通して護衛のための同乗を依頼したのだそうだ。

後日、ポールさんが「ビハール州はインドでもっとも貧しい州です。以前、日本の仏跡参拝のツアーが襲われたことがあります。(註4) ですから私は、皆さんに不安を与えないように、くわしいことはあまり言わないように努力しました。マムタ・ホテルにも、まわりの店にも、怪しい人がうろうろしていたので、私はたいへん心配しました」と語ってくれた。

ラージギール到着

ラージギールの法華ホテルに着いたのは、深夜十二時半だった。ポーターが荷物を運んでくれたが、私の荷物だけは二号車に乗せられていたためそこにはなかった。

食堂に直行し、無事の到着を祝してみなでビールで乾杯。食事は、ご飯と味噌汁、漬け物のほか、天ぷら、ナスの田楽、野菜の煮物などの日本食だった。食事をしながら翌日のスケジュールを検討した。一号車は予定どおりにスケジュールをこなし、二号車とは状況を見て合流する、霊鷲山は夜明け前がすばらしいので、睡眠時間よりも参拝を優先することで一致した。

夜も遅いので早々に食事を済ませ、ホテルの温泉大浴場へ。トラブルがあっただけに、和食をいただいて温泉入浴とはありがたい。二号車の一行には悪い気がしたが、心身ともにリラックスできた。さすがに日本の資本でできたホテルだ。大浴場は男女交代制なので、女性陣が出るまで大浴場に近い白川団長の畳の部屋に集まり、ウイスキーを飲みながら待機。風呂に入ってベッドに横になったのは二時半ごろだった。

補註

1　**成田から仏跡巡拝の入り口パトナへ**　《旅日記》一日目。二〇〇一年（平成十三年）二月十二日午前七時四十分、成田空港特別待合室にて結団式を行う。参加される大谷光淳《こうじゅん》新門のことばをいただき、東京仏教学院で講師をされ何度も仏跡に行かれている白川淳敬師が団長に指名された。午前十時、添乗員を含めて総勢二十九人を乗せた全日空機は成田空港を定時に飛び立った。途中、タイのバンコクで、乗員の乗り換えなどがあり、搭乗口にある待合室で二時間の待機。インドのデリー空港には現地時間の夕方六時四十分（日本との時差は三時間半なので、日本時間では夜の十時十分）の定時に到着。実質十時間十分のフライトだった。直行便なら八時間二十五分である。バスで空港から六キロ離れた、ニューデリーのへそにあたる宿泊予定の五つ星ホテル、インターコンチネンタルホテルへ向かう。

二日目。八時からアメリカンスタイルのバイキング形式の朝食。全員がそろい合掌して「食前のことば」を斉唱してからいただく。もちろん食後には「食後のことば」がある。旅行中は毎食「食事のことば」を斉唱した。

十一時にホテルを出発。現地ガイドのポールさんは、「デリーはこの二十年で車が多くなり、世界で四番目にスモッグの多い町になった」と嘆いていた。デリー空港に十二時十五分に到着。機内食が出ないかもしれないということだったので、ホテルが用意してくれたランチボックスを待合室で食べた。大きな箱に入った中身は、チーズサンドイッチ二切れ、丸ごとゆでたジャガイモ一個、リンゴ丸一個、モンキーバナナ一本。手をかけないところがインドらしいのだろうか。

2 あると便利な旅行グッズ（東急ハンズなどで購入できる）

・薄いスリッパ——二つ折になったものもある。飛行機、バス、ホテルで便利。
・折りたたみのカサ——超軽量のものが便利。雨期を除けばインドではほとんど雨が降らない。
・薄い生地の折りたためるリュックサック——カメラ、ガイドブックなど小物を入れて背負って歩ける。
・携帯用のウェットティッシュ——食事前やトイレ後など普通のティッシュよりも応用範囲が広い。
・薄い生地のジャンパー——二月の気温は二十六度前後で日本の初夏の気候だが、朝晩は冷え込むことがあるので、防寒用として持っていると安心。

3 インド料理——日本人の勘違い

旅行中、インド資本のホテルの朝食・夕食と、レストランでとった昼食はインド料理だった。

日本でカレーというとカレーライスのことだが、カレーライスは、インドを直轄領としていたイギリスから明治時代に伝わってきたもので、インドにはカレーライスはない。インドでカレーというと主食のおかずになる汁物のことをいう。チキンカレー、マトンカレー、卵カレー、豆カレー、キーマ（ひき肉）カレーなど、種類は豊富にある。ヒンドゥー教では牛は神の使いとされているので食べない。イスラム教では豚は雑食なので食べない。したがってビーフカレーもポークカレーもない。

インド料理の特徴は、主に植物の実・種・葉・根から作られた「マサラ」と呼ばれる香辛料である。料理に火を通してからマサラで味付けをする。だから、日本でいう「カレーを使った料理」は、「マサラを使った料理」のことになる。

インドの主食は、全粒粉から作る丸く薄く伸ばして焼いたパン「チャパティ」が一般的。「ご飯」も食べるが、炊く時間がかかるので敬遠されている。小麦粉を発酵させて作る「ナン」は、家庭に土窯《どがま》がないため、レストランで食べたり持ち帰るもの。日本で有名な「サフランライス」は、サフランが高価なのでインド人は食べない。

定食は、「ターリー（大皿）」といって、金属の大皿に、ご飯やチャパティの主食と、何種類かのカレー、アチャール（漬物）、ダヒー（ヨーグルト）をのせたものが出てくる。これは南インドのスタイルで北インドの家庭では食べない。

土の竈《かま》「タンドール」で焼く料理もおいしい。代表的なものにヨーグルトに浸けたチキンに各種香辛料を付けて焼いたタンドーリチキンがある。

飲み物では、紅茶にミルクと砂糖、香辛料、生姜汁を入れた「チャーイ」、ヨーグルトに砂糖と水を加えた「ラッスィー」が有名だ。

4　仏跡での強盗被害

この旅行の数年前に、日本のツアーの団体が仏跡で襲われた新聞記事を読んだことがあるが、それ以外に一度も聞いたことはない。私たちのツアーでおこった想定外の記述を読んで、不安に思わないでほしい。多くのツアーは平穏にラージギールを通過している。しかし、安全神話で有名な日本に暮らす日本人は注意散漫になりがち、どこの国へ行っても注意を怠らないように。

インドの定食・ターリー

2 パトナ～アショーカ王の宮殿跡

旅行ガイド

古都パトナは多くの仏跡巡拝ツアーの出発点となる町ですが、アショーカ王(註1)の都であったことはあまり知られていません。「宮殿跡」にある「アショーカ王の石柱」を見て、聖徳太子の治世《ちせい》とアショーカ王の治世の共通するところを学びましょう。時間があれば市内を流れるガンジス河を見て、「ゴータマ門」「ゴータマ渡し」を訪ねて釈尊最後の旅（一六四頁）に思いをはせてください。

旅日記　二日目

◈パータリプトラ宮殿跡

パトナの駅から線路沿いに東へ五キロほど行ったところに、クムハラール（クムラハルともいう）地区がある。ガンジス河の渡し場があり、釈尊(註2)ご在世のころから栄えていたところである。

釈尊当時は、マガダ国のパータリプトラ（華氏城《かしじょう》）という地名だった。マガダ国の首都はラージ

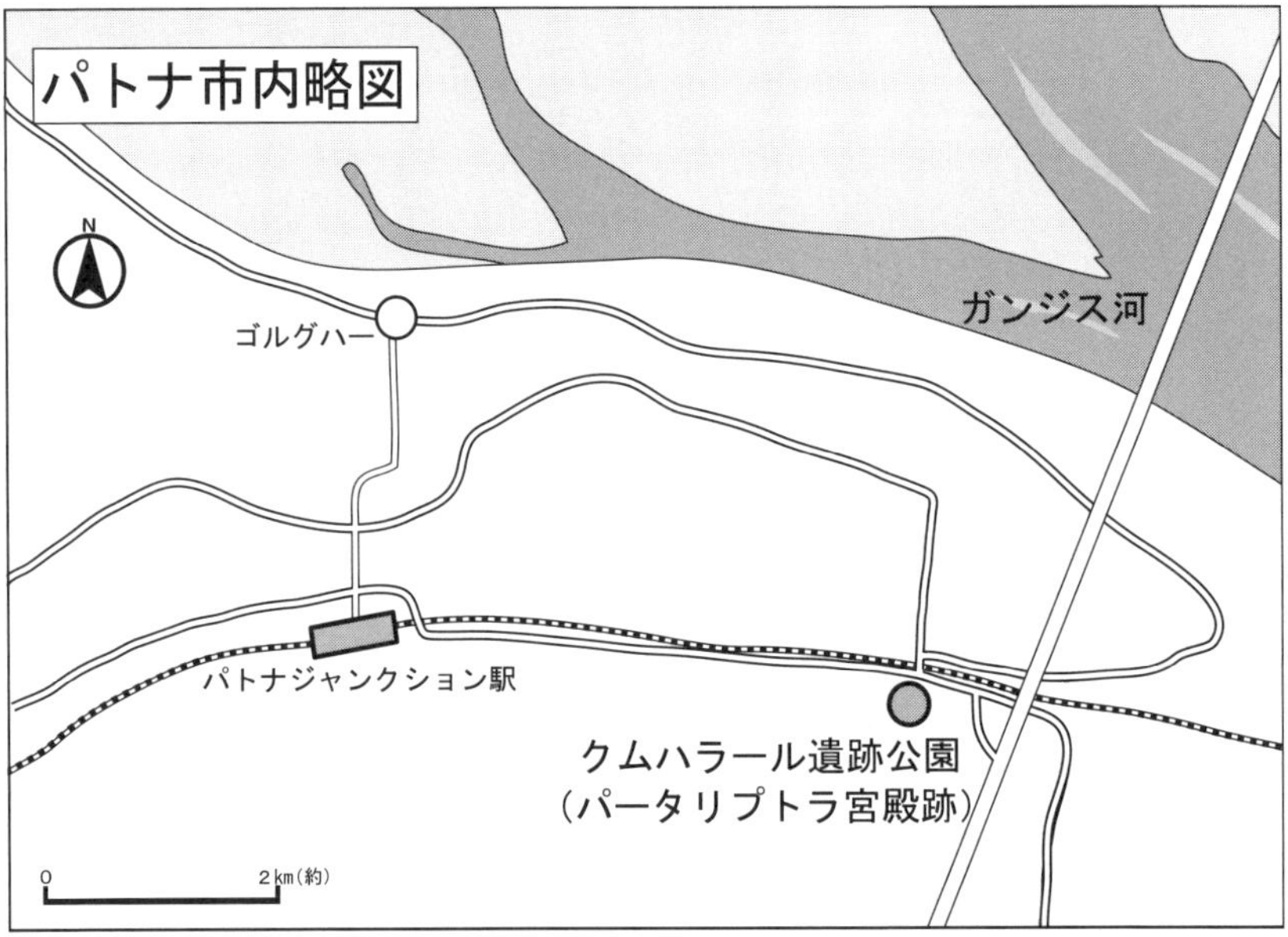

ギール（王舎城）であったが、アジャータシャトル（阿闍世）王の子ウダーインがこの地に首都を建設した。チャンドラグプタ王、アショーカ王などマウリア王朝の王たちもこの地に首都を置いた。多くの僧侶が集まったところであったらしく、お経（『長阿含経《じょうあごんぎょう》』『涅槃経《ねはんぎょう》』）にも登場する場所である。

篤く仏教を信奉したアショーカ王は、この地に宮殿と僧院を建て（『阿育王経《あいくおうきょう》』には以前からあったものを補修したとある）、紀元前二四四年（仏滅後一三九年）にはこの僧院（鶏園寺《けいおんじ》）に千人の僧を招いて、第三回目のお経の編集会議（結集《けつじゅう》）を開いたという。ナーランダー寺が盛んになるまでは、ここが仏教の中心であったらしい。

パトナは、商業で栄えた村で渡し場でもある。マガダ国の首都であったが、アショーカ王以後あるいはマウリア王朝（紀元前三一七～一八七）

以後衰微したらしい。

釈尊《(註2)》が村人たちに説法されたあと、村から出て行かれた門を釈尊の姓にちなんで「ゴータマ門」、渡し場を「ゴータマ渡し」と呼ぶようになったのだという。

一九一二年から調査がはじまり、王宮跡と僧院跡が発掘された。その場所が仏跡であることを示すアショーカ王の石柱と推察されるような円柱が八十本発掘され、園内にはそのうちの一本（高さ九・七五メートル、基部の直径七五・五センチ、頂部の直径五七・八センチ）が展示されている、と前田行貴氏は記している。

アショーカ王の石柱

宮殿跡は、いまは芝生や樹木が整備されていて公園のようになっており、数組の若いカップルがベンチで語らっていた。約一時間見学したのち、バスはラージギールへと向かった。

補註

1　**アショーカ王**　漢訳経典では阿育王と表記される。生没年は定かではなく、王位にあった在位期間は紀元前二六八〜二三二年の三十六年間であったといわれている。即位して八年目にカリンガ地方を征服したが、その戦いの悲惨なありさまを悔恨して仏教に帰依した。以後、武力による征服から仏法による治世へと政策を転換した。

中村先生は、アショーカ王について、以下のように述べられている。

「アショーカ王は、自分の政治理想を民衆に徹底させるために、領内各地に多数の石柱を建て詔勅《しょうちょく》の文章を刻み込み、自分の決意を表明しています。戦いによって多くの罪のない民衆や動物を殺傷したことを恥じて、自己の熱烈な宗教的信念を吐露《とろ》し、正法《しょうぼう》の理想を高く掲げています。

国王といえども、一切衆生《いっさいしゅじょう》（すべての人びと）から恩を受けているから、アショーカ王の行った政治は『債務の返還』すなわち報恩行《ぎょう》にほかなりません。人民に対しては『一切の人びとは皆わが子である』と表明しています。熱烈な仏教信者であったけれども、けっしてほかの宗教を排斥することはありませんでした。聖徳太子も、若いころに物部《もののべ》氏と蘇我氏との戦いにおいて同じような悲惨な思いをされています。聖徳太子にアショーカ王の影響があったと思われます」。

2　**釈尊**　釈迦牟尼世尊《むにせそん》を略した呼び方。釈迦は釈迦族、牟尼は聖者、世尊も聖者の意味。釈迦族の尊者（聖者）という意味の尊称である。ブッダガヤーでさとりをひらく以前を「ゴータマ・シッダールタ」といい、さとりをひらいたあとは「ゴータマ・ブッダ」という。ゴータマは最上の牛、シッダールタは一切の願いが成就した、ブッダはさとりを得た人という意味。

3 ブッダの生涯

仏跡を紹介する前に、ブッダ（釈尊）の生涯を簡単に紹介しておきましょう。（ゴシック体は本書で紹介している仏跡です。）

ヒマラヤ山脈の南のふもとに、釈迦族の中心地**カピラヴァスツ（カピラ城）**がありました。国王のシュッドーダナ（浄飯《じょうぼん》）王と妃のマーヤー（摩耶《まや》）夫人は、結婚後も長く子どもに恵まれませんでした。二十数年後、懐妊したマーヤー夫人は、出産の日が近づいたため、習慣に従って生家に帰る途中**ルンビニー園**で休息し、そこで王子を出産しました。紀元前四六三年四月八日のことでした。王子はシッダールタ（悉達多《しっだった》）と名づけられました。

しかし、母のマーヤー夫人はまもなくこの世を去り、王子は以後、母の妹のマハープラジャーパティーによって育てられました。

十六歳（諸説あり）のときにヤショーダラーを妃としてむかえ、十幾年後に王子が生まれラーフラ（羅睺羅《らごら》）と名づけました。

シッダールタ太子は、深く人生の問題に悩み、二十九歳の時に城を出て出家しました。アーラーラー・カーラーマとウッダカ・ラーマプッダというふたりの仙人を訪ねましたが、人生の問題について満足のゆく解答を得ることはできませんでした。

ラージギール（**王舎城**）でビンビサーラ（頻婆娑羅《びんばしゃら》）王に、町に留まるよう要請されましたが、修行の身であることを告げ、さとりを得たら戻ることを約束してガヤーに向かいました。

そこで、ガヤーにある山林にこもって、六年間の苦行にはげみ、身はやせおとろえ、骨と皮だけになりましたが、さとりを得ることはできませんでした。苦行の無意味さを知り、川で水を浴び、村の少女スジャーターのささげる乳糜《にゅうび》（牛乳で炊いたおかゆ）を食して体力をつけられました。

それからガンジス河中流の**ブッダガヤー**の菩提樹の下で瞑想し、三十五歳でさとりをひらきました。これ以後、ゴータマ・ブッダと呼ばれます。

それからブッダは、ヒンドゥー教の聖地ベナレスに向かい、その郊外にある**サールナート**（**鹿野**《ろくや》**苑**《おん》）で五人の苦行仲間に教えを説きました。ここに、サンガ（仏教教団）ができあがりました。

そして、ビンビサーラ王との約束を果たすため、サールナートからラージギールに向かいました。ラージギールでは**竹林精舎**《ちくりんしょうじゃ》を寄進され、布教の拠点ができました。また、コーサラ国王のパセーナディ（波斯匿《はしのく》）王からは**祇園精舎**も寄進され、布教活動の二大拠点ができました。

晩年のブッダは、ラージギールから、生まれ故郷のカピラヴァスツに向かいました。八十歳のとき**クシーナガル**で煩悩を滅した涅槃に入られました。

カルピスタイム

カルピスは一九一九年（大正八年）に発売されました。僧侶でもあった三島海雲《かいうん》という人が中国の内モンゴルに行ったとき、現地で飲んだ飲み物をヒントにして作ったといわれています。

社名の「カルピス」は、「カルシウム」とインドの古代語の「サルピス」という単語を合わせた言葉で、作曲家の山田耕筰《こうさく》と相談して決めたとのこと。

古来インドでは、牛乳を精製する過程でできる五つの製品のことを「乳《にゅう》、酪《らく》、生酥《しょうそ》、熟酥《じゅくそ》、醍醐《だいご》」の順序で呼びました。それぞれ「ミルク、ヨーグルト、生のバター、精製バター、精製バターを溶かしたときに表面にできる上澄み」に相当します。

これは五味《ごみ》と呼ばれ、お釈迦さまがさとりをひらかれたときから、息を引き取られ究極のさとりの境地に入られるまでを五つの時期に分け、それをこの五段階の味にたとえられました。時がたつと変化して味が深まるという意味となったようです。

この四番目の「熟酥」をサルピス、五番目の「醍醐」をサルピス・マンダと呼びます。牛乳に含まれているカルシウムのカルと発酵してできた上等のサルピスのピスを合わせて、「最高においしいカルピス」というわけですね。

創業者の三島海雲は、この五味が仏教に説かれていることをよく承知していて、社名とその製品に「最上」の願いを込めていたことがわかります。

第二章　仏跡ガイド

1 ラージギール（王舎城）～布教の拠点

旅行ガイド

ラージギール（ラージャグリハともいう）は、釈尊が布教の拠点として長く滞在されたところです。「霊鷲山《りょうじゅせん》」では『無量寿経』『法華経《ほけきょう》』などが説かれました。できればご来迎の時間にあわせて登りたいものです。『観無量寿経』『涅槃経』では、感動的な物語「王舎城の悲劇（註1）」が説かれました。物語に登場する「牢獄跡」を訪ねて悲劇の意味を味わいましょう。「耆婆《ぎば》のマンゴー樹林跡」、最初の寺院「竹林精舎《ちくりんしょうじゃ》」や、マガダ国の「穀倉跡」「金庫跡」「戦車のわだち跡」「南門跡」、釈尊の没後に仏典編集が行われた「七葉窟《しちようくつ》」など見所はたくさんあります。

旅日記　三日目

朝五時起床。外はまだ暗い。宿泊した法華ホテルのロビーでモーニングティーを飲み五時二十分に出発した。車内の話題はすぐに二号車のことになった。白川団長から「深夜二時にやっと連絡がとれました。二号車は今朝パトナを出発し、途中ナーランダー大学跡を見学してから霊鷲山《りょうじゅせん》に向か

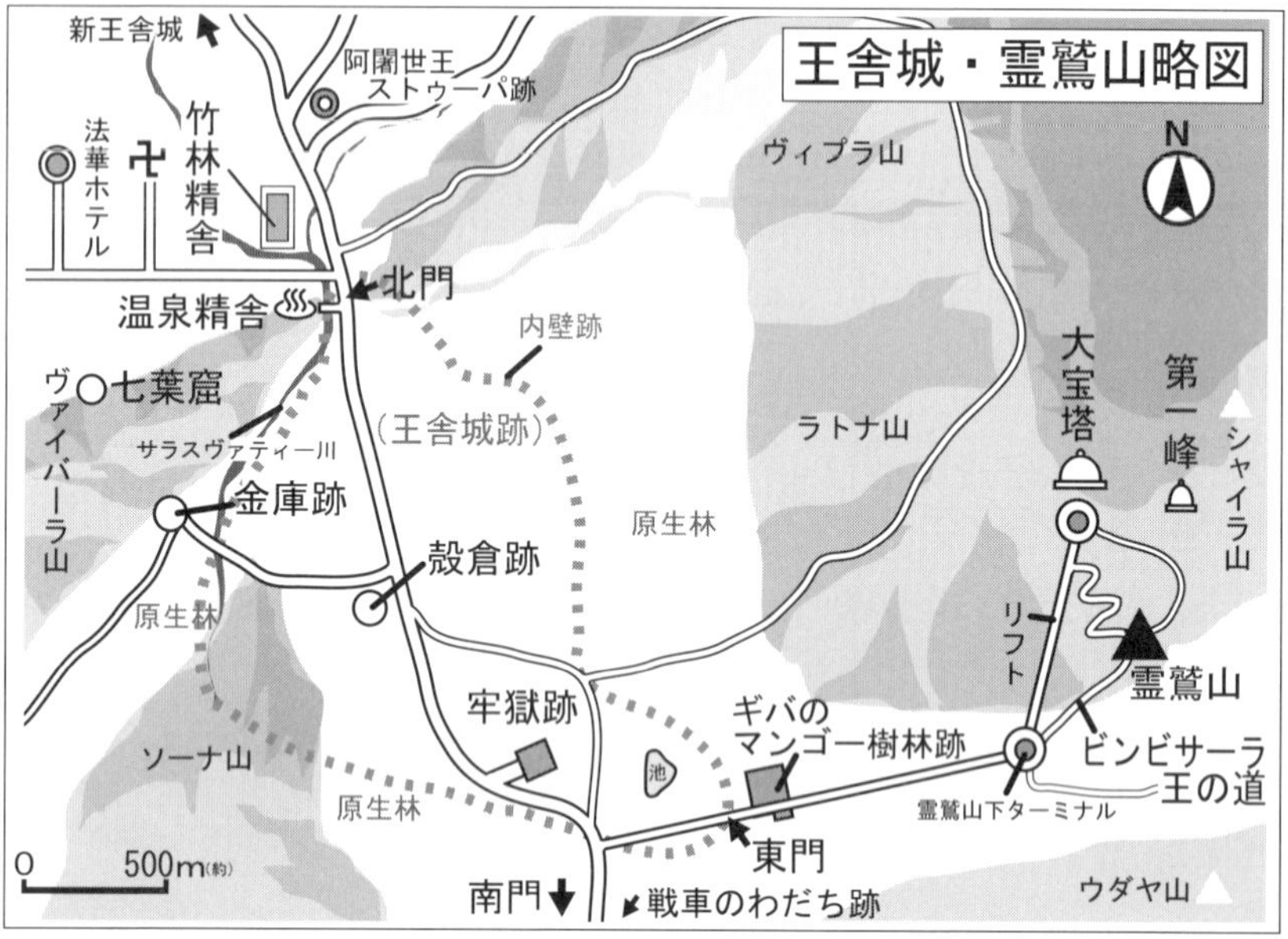
王舎城・霊鷲山略図
N
新王舎城
阿闍世王
ストゥーパ跡
竹林精舎
法華ホテル
北門
温泉精舎
内壁跡
ヴィプラ山
ヴァイバーラ山
七葉窟
(王舎城跡)
サラスヴァティー川
金庫跡
殻倉跡
ラトナ山
原生林
大宝塔
第一峰
シャイラ山
リフト
霊鷲山
原生林
牢獄跡
ギバの
マンゴー樹林跡
ビンビサーラ
王の道
ソーナ山
池
霊鷲山下ターミナル
原生林
東門
0
500m(約)
南門
戦車のわだち跡
ウダヤ山

ラージギールの街

うので、一号車とは次の宿泊地のブッダガヤーで合流することになるでしょう」との報告があり、車内に安堵の空気が流れた。一号車はスケジュールどおりに霊鷲山へ向かった。ホテルから出たところで、護衛のために警察官が二人乗り込んできた。

いよいよ、霊鷲山に登るときがきた。釈尊が『無量寿経』『観無量寿経』『法華経』『涅槃経』などの重要なお経を説かれた場所である。とくに浄土真宗に縁のある私たち一行にとっては「お念仏を称えなさい」と説かれた、もっとも大事な場所である。昨夜は二時間半しか睡眠をとれなかったが、緊張というのだろうか敬虔《けいけん》というのだろうか、聖地に来たことでなにか特別な気持ちになったようで、眠気は吹っ飛んでしまっていた。

◈霊鷲山

ホテルから約六キロ、バスで十分ほどで、霊鷲山下の広場に到着した。まだ真っ暗だというのに、観光バスの到着を待っていた商売熱心な人たちが小物の土産物を持って集まってきた。杖を差し出す人がいる。無料で貸してくれるのかと思ったら、有料だというので断った。有料の駕籠《かご》もあるので、足の不自由な人でも頂上まで登ることができる。鉄柵のゲートをくぐると、ゆるやかな細い道が上へとのびていた。商売熱心な人たちに頂上まで往復する間ずっとまとわりつかれて閉口した。到着時の特別な気持ちがかき消されてしまうようで、せっかくの聖地も半分色あせる思いだった。

ガイドのポールさんのあとに続いて、十人の旅行者は小高い霊鷲山への道を頂上へ向かって歩いた。もっとも霊鷲山といっても独立したひとつの山ではなく、ラトナ山というラージギールの東側に位置する小高い丘の中腹にある場所をいうので、頂上という表現はふさわしくないかもしれない。

霊鷲山の名前の由来は、頂上にある黒い大きな岩の形が、羽を休めている「鷲」の形に似ているからとも、この山に鷲が棲息《せいそく》しているからともいわれている。「霊」は、「神聖な」という意味である。標高はふもとから約一八〇メートル。お経には「耆闍崛山《ぎしゃくっせん》」（註2）という名前で登場するが、この山が発見されてからまだ百年ほどしかたっていないという。（註3）

霊鷲山の頂上へのゆるやかな一キロほどの道は、マガダ国のビンビサーラ（頻婆娑羅）王が釈尊の説法を聴くために整備したので、「ビンビサーラ・ロード」と名づけられている。王もふもとで馬車を下りて、歩いて山頂まで登り聞法したと伝えられている。仏滅二千五百年を記念して一九五六年に舗装され、現在は幅二メートルほどの道に整備されており、歩きやすくなっている。

前後に護衛の現地警察官がいるので安心なのだが、治安のよい平和な日本に住み慣れていると、聖跡を参拝するのには不自然な感じがする。しかし、それがインドの実情である。物売りにまとわりつかれながらも「ナモアミダブツ……」と小声で念仏し、私は二千五百年前の釈尊の当時に思いを馳せつつ歩いた。この道は、遠くは玄奘三蔵が、近くは中村元《はじめ》先生も櫻井和上も登られた道であると思うと感慨もひとしおだった。ＮＨＫで放映されたのを思い出されて「霊鷲山に登られたときの中村先生の表情が浮かんできますね」と後ろから声がした。私も同じ思いだった。

一九五六年（昭和三十一年）、仏滅二千五百年を記念して、第四回世界仏教徒会議がネパールの首都カトマンズで開催され、櫻井和上はネパール仏教会から招待を受けた。そのとき、基調講演をされたのが中村先生で、中村先生（四十四歳）も櫻井和上（五十六歳）も、このとき霊鷲山に登られている。

私が二十年前に東方学院の旅行で中村先生と訪れたときは、飛行機の到着が遅れたため時間が足りず、残念ながらふもとから礼拝しただけだった。「霊鷲山は次回のお楽しみ」と涙をのんでこの地を去ってからはや二十年、待ち焦がれていた場所なので、特別な思いが去来した。

霊鷲山山頂

ビンビサーラ・ロード

香室（釈尊説法台跡）

坂道の途中にはアーナンダ（阿難《あなん》）やサーリプッタ（舎利弗《しゃりほつ》）などの弟子が修行した洞窟があった。およそ二十分で頂上に着くと、シベリアンハスキーを茶色にした感じの二匹の犬が観音菩薩、勢至菩薩のように岩の上に並んで、われわれを迎えてくれた。

頂上は長方形の石畳になっていた。釈尊が居住されたところで「香室《こうしつ》」と呼ばれている。一三・五メートル×七・六メートルの広さだ。周りは膝の高さほどのレンガが組んであり、釈尊が説法されたといわれる説法台にもレンガが組まれていた。そこに小さな仏像が安置されていたので、その前でお参りをした。

白川団長が調声人《ちょうしょうにん》（お経を読むときのリーダー）となり、十人全員で「光顔巍巍《こうげんぎぎ》、威神無極《いじんむごく》……」ではじまる『無量寿経』の一節「讃仏偈《さんぶつげ》」を読誦《どくじゅ》した。

読経《どきょう》中、『無量寿経』の冒頭部分「如是我聞《にょぜがもん》。一時《いちじ》、仏《ぶつ》、在《ざい》王舎城、耆闍崛山中《ぎしゃくっせんちゅう》……」（われ、かくのごとく聞けり。あるとき、仏、王舎城の耆闍崛山の中に住したまい……）の語句が思い起こされた。この場所で、釈尊がこれらの経と、お念仏のいわれを説かれたのかと思うと、言葉にならない感動がこみあげてきた。釈尊が多くの弟子（『無量寿経』では一万二千人）に囲まれて教えを説かれる姿を、目《ま》の当たりにする思いであった。こうした思いは、この地に来なければわからない実感だろう。

読経のあと、順番に焼香をした。村の人が両脇にいて「そこに座って」「ここにお布施をおいて」と誘導している。私の前の女性が一〇〇〇ルピー（約二七〇〇円）を置くと、「もっと出してほしい」というので、二〇〇〇ルピーを出したが、まだ不足の様子で、結局その女性は三〇〇〇ルピーを強制的に布施させられるはめになってしまった。地域差はあるが、貧しいビハール州では約一か月分の給料に相当する金額である。これでは「金額の多少ではなく、まごころのこもったお金であることが大切」と説かれた釈尊の「貧者の一灯、長者の万灯《まんとう》」の教え（一四五頁）がむなしくなるようで残念に思った。お布施は村の貴重な財源となるのだそうだ。

徐々に空が明るくなり、ふもとを見下ろすと一面が原生林で覆われていた。櫻井和上は法話の中で、その光景をたびたび話された。（註4）視線を右のほうへ向けると王舎城跡が見えてきた。ビンビサーラ王が幽閉《ゆうへい》された牢屋はあのあたりだろうかと見当をつけた。「王舎城の悲劇」の物語が思い出される。釈尊は、弟子のアーナンダと王妃《おうひ》のヴァイデーヒー（韋提希《いだいけ》）に「私はいま、煩悩に苦しめられる未来のすべての人びとのために清らかな行いを説き示そう」（『観無量寿経』）といわれ、念仏の教えを説かれた。それは、「この悲劇は過去の出来事ではなく、いま、私を救おうと呼びかけてくださる釈尊の説法である」と聞こえてくる。

王舎城五山と日本の金比羅さん

視線を遠くに向けると、東から西へ、王舎城五山が見えてきた。ウダヤ山・ソーナ山・ヴァイバーラ山・ヴィプラ山・ラトナ山が見える。

前田行貴氏の表記を借りて言葉を補って記すと、五山にはみな精舎《しょうじゃ》（僧院）があって、仏教を学び修行する場所になっている。中国の五台山・鎌倉五山・京都五山という「五山」の発祥の地でもある。

霊鷲山の東北には第一峰がそびえ、アショーカ王の仏塔建立第一号の遺跡が頂上にある。王舎城の守護神クンピーラ神（金比羅神。ガンジス河に住むといわれる神話的な鰐《わに》）をまつったところという。この神は釈尊を亡きものにしようとするデーヴァダッタ（提婆達多《だいばだった》）の計略を阻止《そし》し、釈尊の伝道を助けたことが伝えられている。六四五年に、この地から中国と朝鮮半島の百済《くだら》を経て日本に到着した法道《ほうどう》仙人が、出身地のこの金比羅神のことを伝えてできたのが「金比羅さん」で有名な香川県琴平町にある金刀比羅宮《ことひらぐう》の起源だという。だから金刀比羅宮のそばに象頭山《ぞうずさん》があるのだろう。そんなに古くから日本と王舎城の交流があることに驚く。

西側にはラトナ山があり、この山は『法華経』説法のとき、多宝《たほう》如来が現れたところと伝わるので「多宝山」と呼ばれている。一九六九年に、日本山妙法寺藤井日達上人によって山頂に世界平和を願う大宝塔が建立された。五〇〇メートルのチェアリフトがあるので、簡単に登ることができる。その収益はビハール州政府の最高収入源のひとつになっているという。

六時半を過ぎたころ、太陽が昇ってきた。ご来光はすがすがしいものだった。「無量光」と肌で感じつつ、下山の途についた。ふもとのゲートをくぐったとき、時計の針は七時五分をさしていた。

◈耆婆《ぎば》（ジーヴァカ）のマンゴー樹林跡

霊鷲山のふもとから約七〇〇メートルのところに、レンガで整備された「耆婆のマンゴー樹林

ビンビサーラ王牢獄跡

跡」がある。広さは六〇メートル×八〇メートル。ジーヴァカは「王舎城の悲劇」で大切な役目を果たした。「アンバパーリとジーヴァカ」として一五〇頁のヴァイシャーリーの項で詳述する。

◈ビンビサーラ王が幽閉された牢獄跡

「耆婆のマンゴー樹林跡」からさらに八〇〇メートルほど進むと、東門の入り口を過ぎてすぐ、ビンビサーラ王が幽閉されていた王舎城の「牢獄跡」に到着した。五〇メートル四方の整地された土地が、低い切り石に囲まれていた。二千四百年前に起こった「王舎城の悲劇」の舞台に、いまこうして立っていることが、不思議な感じがした。念仏を称えながら霊鷲山から牢獄跡を臨むことに感動したが、牢獄跡から霊鷲山を拝むこともまた感動だった。まるで、私が仏を見ていることが、同時に仏が私を見ておられることと重なる思いだった。（註5）

◈仏典がまとめられた七葉窟《しちようくつ》

ふたたびバスに乗り、次の目的地である竹林精舎へ向かった。途中で、王舎城五山のひとつヴァイバーラ山のふもとに「七葉窟」が見えた。標高は三〇五メートルという。七葉窟は、お経の編集会議、すなわち「結集《けつじゅう》」がはじめて行われたところである。主宰者はビンビサーラ王を殺し、釈尊に救われたビンビサーラ王の息子のアジャータシャトル（阿闍世《あじゃせ》）王である。

釈尊が紀元前三八三年に亡くなって（一二六頁〈生存年代〉参照）まもなく、マハーカッサバ（摩訶《まか》迦葉《かしょう》）が会議を召集し、五百人の有能な出家僧がここ七葉窟に集まった。持戒第一とされたウパーリ（優波離《うばり》）が律（僧侶の生活規則）の、多聞《たもん》（博学）第一とされたアーナンダが経の主任となり、読《どく》誦《じゅ》する本文を検討し、教団の名において仏典が編集された、と中村先生はいわれている。第二回結集は百年後にヴァイシャーリー、第三回結集はそれからさらに百年後にパータリプトラ（パトナ）で行われた。

お経の「経」は、「緯度・経度」の経と同じで、縦糸という意味。口伝えで聞いた釈尊の教えを、齟齬《そご》（食い違い）や間違いがないか会議にかけて検討し、合意したものをターラ樹の大きな葉っぱに書き乾燥させ、重ねて糸を通してまとめたものを「経」と呼ぶようになったのである。

◈竹林精舎跡

ビンビサーラ王の牢獄から三キロほど、温泉精舎《しょうじゃ》の前を過ぎて「竹林精舎」に到着した。「精

温泉精舎と竹林精舎の森（丸山勇氏撮影）

舎」とは、出家した修行者の住む寺院のことで、現在は公園としてきれいに整備されている。釈尊が沐浴《もくよく》されたと伝わるカランダ池があり、一帯は竹林に囲まれていた。町の喧噪《けんそう》は周囲の竹林に遮断され、ひっそりとして仏跡らしい落ち着きがあった。

竹林精舎も霊鷲山と同じように、十三世紀の仏教滅亡とともに荒廃し、最近までその位置が不明だった。仏滅二千五百年を記念し、インド政府考古局がカランダ池を発掘し、復元したのだという。その後、前田行貴氏が、ネパールとの国境近くから、菩提樹・無憂樹・竹林をトラックで運搬し移植したという。それから四十年が過ぎ、現在は「竹林精舎」の名前にふさわしい竹林の園になっている。日本人によるこうした陰の活動があったことを思うと、感慨深いものがある。

竹林精舎のいわれ

竹林精舎のいわれには諸説ある。そのひとつは、迦蘭陀《からんだ》長者が釈尊に土地を寄進し、そこにビンビサーラ王が建物を建てたというものである。釈尊がさとりをひらかれた年にこの竹林に精舎を建て、そこが「竹林精舎」とよばれるようになった。これが歴史上、寺院建築の最初のものである。

玄奘三蔵《げんじょう》（六〇二―六六四）の『大唐西域記《だいとうさいいきき》』や法顕《ほっけん》（生没年未詳。四世紀頃の人）の『法顕伝』には、「竹林精舎」ではなく「迦蘭陀竹園《ちくおん》」という名前で出てくる。その名前の由来は、「昔、迦蘭陀という鵲《かささぎ》に似た鳥がこの林に多く棲《す》んでおり、その林は竹林であった。あるとき、国王がこの林で昼寝をしていると、蛇がきて国王を咬《か》もうとしたが、鳥が鳴いて王の目をさまさせた。王はその恩を思い、エサをまいて鳥を養った。その林の持ち主は、その鳥の名前をとってカランダカと名のった」という。(註6)

ビンビサーラ王が、さとりをひらかれる前の修行中の釈尊に、「さとりをひらかれたら、この地にきて、自分を導いてほしい。供養するところがある」と要請し、供養したところがこの竹林精舎といわれている。

法華ホテルに戻ったのは、午前八時五分だった。昨夜からの強行軍が続いたため、朝食後はしばらく休憩することになった。このあと、ナーランダー大学跡を見学（六〇頁「ナーランダー」の項を参照）。

二号車到着

ホテルで食事を済ませ、一時半に出発するつもりで準備を整えていた一号車の十人は、二号車から「二時半ごろ到着予定」という連絡が入ったため、しばしの自由時間となった。お土産を買う人、庭の芝生で寝転ぶ人、町までロバ車で見物に出かける人など、思い思いの過ごし方で二号車を待った。予定の二時半に近づくと、まるで打ち合わせたかのように、一号車の十人は玄関前に集まってきた。二時四十分、二号車が到着した。降りてくる面々と手を取り合って無事を喜び合い、涙を流す人もいた。

思わぬ事件で一日遅れとなったスケジュールをこのあとどのように調整するか検討した結果、二号車が霊鷲山を参拝するあいだ、一号車はほかの見学地を訪れることとし、そのあと合流してブッダガヤーに向かうことになった。

◈温泉精舎

一号車はまず、ホテルの近くの「温泉精舎」を訪れた。温泉がインドにあると聞くと驚く人が多いが、インドには五か所の温泉地があるそうだ。この温泉は、王舎城五山のひとつ、ヴァイバーラ山のふもとから湧き出て、サラスヴァティー川に流れ込んでいる。釈尊の時代から、保養地として資産家たちが冬に集まったところといい、玄奘三蔵がインドを訪れたころには、五十か所の温泉地があったといわれている。

サラスヴァティー川を渡り石段を登ると、白い高い壁に囲まれた浴場がある。天井《てんじょう》はない。湯の温度は三十八〜四十度ほどで、源泉にはシヴァ神がまつられているヒンドゥー教の寺院である。朝は五時に開門され、たいへんな混雑になるらしい。インドでは夜に沐浴《もくよく》する習慣がないので、入りたい人は濁りもおさまる閉門前の午後九時ごろがおすすめだそうだ。混浴だが、裸で入浴する習慣があるのは日本人くらいなので、男性は腰に布をまき、女性はサリーを着たまま入っていた。

◈マガダ国の金庫跡（ソンバンダル）

温泉精舎から二キロメートルほどのところにソンバンダルという遺跡がある。ここはマガダ国の金庫跡である。天然の岩を掘ったほこらで、あちこちに法輪《ほうりん》（仏の教化が衆生の悪をくだくことを車輪にたとえたもの）やジャイナ教の神様が彫られていた。

◈マガダ国の穀倉跡（マニヤールマート）

ソンバンダルから五〇〇メートルほど離れたところに、マニヤールマートの遺跡がある。龍神信仰のほこら跡で、釈尊以前から治水の神であるナーガ（龍）信仰の中心であった。ビンビサーラ王は、ここを王舎城の穀倉として用いていたという。いまある建物は紀元一世紀ごろのものだそうだ。

◈戦車のわだち跡

南門近くには、ビンビサーラ王時代の戦車のわだち跡が保存されている。ここでいう戦車とは、戦闘用の二頭立ての二輪馬車のことで、わだちとは道に残った車輪の跡のことである。岩盤の上に二本の線が深く刻まれた鉄の車輪の跡が残されていた。二千五百年の歴史が伝わってくる。

温泉精舎（白川淳敬氏撮影）

マガダ国の金庫跡

戦車のわだち跡

南門跡

わだち跡のすぐそばに南門跡がある。王舎城からガヤーに向かわれた修行中の釈尊も、この門を通られたことだろう。

現地ガイドのポールさんは、王舎城を離れてから、金庫跡、穀倉跡、わだち跡、南門の四か所は人気《ひとけ》の少ない場所なので、見学するさいに強盗に襲われないかとずいぶん心配したそうだ。一号車の日本人たちは、ポールさんのそんな思いなど誰ひとり知らず、見学をしていたことになる。

霊鷲山下で合流

わだち跡を見学したのち、一号車は二号車と合流するために霊鷲山のふもとのターミナルに向かった。二号車の人たちはまだ下山していなかったので、私は日本へ電話をした。日本なら公衆電話を想像するところだが、ここでは屋台と同じように軒をならべてひとつの商売になっている。四分半の通話で三三九ルピー（約九一五円）だった。その内訳は、一秒一・一ルピー、税金五パーセント、サービス料二ルピーである。

バスに乗る前にトイレに行ったら、出口で二人の子どもが手洗い用の水を差し出してくれた。親切な子だと思い「ダンニャワー」（ありがとう）とお礼をいうと、手を出してチップを要求された。小銭を探したが見つからないので、仕方なく一〇ルピー（約二七円）渡した。これは屋台の電話の手数料五回分に当たる。ガイドに聞くと、小銭がないときは無理に出さなくてよいとのことだった。

知らない習慣にはとまどうものだ。

劣悪なインドの道路事情

四時五十五分、ラージギルを後にして二台のバスはブッダガヤーに向かった。ガヤーとパトナを結ぶ幹線道路に出るまでは、バスのすれ違いはできるがそれほど広くない道路だった。道はデコボコの穴だらけで、あまりスピードは出せない。

睡眠不足で居眠りしている人の多い中で、東京仏教学院の講師である白川団長と学院生のTさんとNさんの三人が、参拝を終えたので酒盛りをはじめた。デコボコ道のなかでもとくに大きな穴にタイヤがはまったとき、「ドスン」というショックで紙コップの中身が空中に飛び出し、驚きの大歓声があがった。天井に頭を打った人もいて、うたた寝していた周りの者も大爆笑。

酒盛りが終わるとTさんは体を休めるために、ベッド形式になっているバスの最後部席に横になりにいった。幹線に入ると少し道がよくなったので、バスはスピードを上げた。それでもところどころ穴があいている。「ドッスーン」という大きなショックがまたきた。車内の視線はいっせいに最後部席に向かった。Tさんが七〇センチくらい浮いているのをみてまた大爆笑。劣悪な道路事情でも、一号車はこんな調子で、道中ずっと大変明るい空気に満ちた車内だった。

二十年前に中村先生とこの地を訪れたときのバスはオンボロのマイクロバスで、一部窓ガラスがなくてボール紙でふさいであった。窓ガラスがあっても車が揺れるたびにガラスがずれて、窓が少しずつ開いてくる。風が入ると昼でも少し寒く感じた。ガイドのカマルさんの声もかなり聞き取りにくかった。

そのときは、カルカッタ空港の濃霧が原因で飛行機の出発が遅れてしまい、陽が沈んでから、対向車のほとんどない舗装されていない真っ暗な道をラージギールからブッダガヤーに移動した。民家がずっとない真っ暗な道を歩いている人をときどき見かけたので、どこへ行くのだろうと思った。民家の集まっているところを通ると、店先にロウソクの明かりがともっていた。

今回の旅行は二十年前よりバスははるかにデラックスになり、エアコンも完備して、ガイドの声もよく聞こえた。道は舗装されてよくなったが、トラックの通行量が大幅に増え、道路の補修が追いつかず、穴だらけでかえって道が悪くなったように感じた。ブッダガヤーまでの七八キロに三時間十五分かかった、平均時速二十五キロということになる。二十年前と同じか、多く時間がかかった気がする。店先のロウソクは電球に変わっていた。民家のない所では、道を歩いている人はほとんど見かけなかった。

釈尊のあしあと①

カピラ城からラージギールへ。

カピラ城で育ったシッダールタ太子は、「真実の道」を求めるために二十九歳のときに城を出て、修行の旅に出た。

まず、ヴァッジ国の首都ヴァイシャーリーで、ヨーガの道場を開いていたアーラーラ・カーラーマ仙人のもとで修行した。さらにガンジス河を渡ってラージギール（王舎城）に入り、ウッダカ・ラーマプッタ仙人のもとでも修行した。(註7) しかし、さとりを得るにはいたらなかった。

マガダ国のビンビサーラ王はシッダールタを訪ね、マガダ国の太子となってくれるように要請したが、「自分はまだ修行の身である」と断った。シッダールタがふたたび修行の旅に出るとき、王は「さとりをひらいたら、ぜひこの王舎城に戻り、自分を導いてほしい」という要請をした。

その後、シッダールタはブッダガヤーでさとりをひらき、約束どおりビンビサーラ王のもとにきて、教えを説いた。このようないきさつから、釈尊が長く滞在されたところが王舎城である。

補註

1　王舎城の悲劇

《あらすじ》マガダ国の太子アジャータシャトルは、釈尊の従兄弟で悪友のデーヴァダッタに、父王が自分の死を望んで刃物の上に産み落とさせたという、出生の秘密を聞かされ、そそのかされて、父ビンビサーラ王を餓死させようと牢屋にいれた。しかし三週間たっても死亡報告がないので調べてみると、母であり王妃であるヴァイデーヒー夫人が食物を運んでいたことがわかった。そのため彼女を宮殿の奥に閉じ込め、食物を絶たれた王は七日後、餓死した。

苦悩に満ちたヴァイデーヒー夫人は、遙かに耆闍崛山におられる釈尊を心に念じ、仏弟子を遣わして説法をしてくださるように求めた。これに応じて釈尊はみずから王宮にいる夫人の前に現れた。そこで夫人は、この汚《けが》れた世を厭《いと》い、苦悩なき世界を求め、とくに阿弥陀仏の極楽浄土を選んで、そこに往生するための観法《かんぼう》（正しい智慧をおこして仏を観ずる法）を教えてほしいと請うた。

こうして釈尊は、精神を統一して浄土と仏・仏弟子を観想する十三の方法を説かれた。七番目の阿弥陀仏の蓮華台の座を観ずる華座観《けざかん》を説かれる前に、「苦悩を除く法を説こう」という釈尊の声に応じて、阿弥陀仏が空中に立って現れた。

さらに釈尊はみずから、精神を統一しない散心のままで修める善を、九種類に分けて説かれた。そして、いかなる善行も、世間の善も実行できない人のために念仏の法を説かれた。「そなたが、もし心に仏を念ずることができないなら、ただ口に無量寿仏（阿弥陀仏）の名を称えるがよい」と。

最後に、釈尊はアーナンダに、他力念仏の一行《いちぎょう》を勧められた。「アーナンダよ。そなたはこのことをしっかりと心にとどめて、ひろく後の世の人びとのために説き伝えるがよい。このことを心にとどめよというのは、すなわち無量寿仏（阿弥陀仏）の名を信じ、称えよということである」と。（『観無量寿経』要旨）

「王舎城の悲劇」に関して、櫻井和上は次のように味わっておられる。

『涅槃経』に、今、涅槃に入ってもいいのだが、「阿闍世の為に涅槃に入《い》らず」といわれた。……その「為に」の中には、これから後の迷っている衆生のみなの「為に」私は涅槃に入らないのだ、という意味がある。「仏性《ぶっしょう》（仏となるべき可能性）を見ざる衆生のため」。生きとし生けるものに仏性がみな備わっているのにそれが分からないもののため。「菩提心（さとりを求め、仏道を行おうとする心）を発《おこ》せざるもののため」。ありがたいともなんとも思っていないもの、一生懸命になって法を聞かなければならぬという心のないもののため。「煩悩の怨生《あだしょう》ずるもののため」。心に煩悩をもってそれを怨《うらみ》としているもののため。阿闍世、阿闍世というが単に一人の太子を意味するものではない。われわれもみな阿闍世の後をゆくものだ。一切の罪をつくるものはみな阿闍世だ。

こういう解釈ですから、特定のものに大慈悲を説いているものではないですね。「阿闍世の為に涅槃に入らず」ということは、私どものために涅槃に入らずして、罪をつくるものを救うという如来の大悲のきわまりないことをあらわすために、お釈迦さまは涅槃に入ることを延期されたのです。――『教行信証を読む』より引出。王舎城の悲劇に関して『浄土を生きる』（法藏館）に詳しい解説がある。

釈尊は、どのような善も実行できないわれわれ凡夫のために、念仏の教えを説かれた。「極重最下《ごくじゅうさいげ》の人のために極善最上の法」（選択集）を説かれたことに深い意味がある。

2　**耆闍崛山**　サンスクリット原語グリドラクータ（Gṛdhra-kūṭa）を音写したもので、「鷲峰」とも訳される。グリドラ（Gṛdhra）は禿鷲の意味。霊山《りょうざん》ともいう。

3　**霊鷲山の発見**　前田行貴氏によれば、霊鷲山の存在は、イスラム教徒の侵入以来、仏教の衰亡とともに、六百年間忘れられていたという。生い茂った林に埋もれた霊鷲山は、一八八〇年に釈尊成道の地であるブッダガヤーを発掘したインド考古調査局長カニンガムでさえ発見することができなかったという。一九〇二年（明治三十五年）、大谷探検隊が、樹林の中にテントを張って決死の調査に乗り出し、翌年一月十四日、玄奘三蔵の表現している記録と一致しているので、ここだと断定したのだという。その三年後、インド考古局長官ジョン・マーシャルが遺跡を調査して霊鷲山を再確認し、大谷探検隊の業績が国際的に承認されたとのことである。

4　**櫻井和上の法話**　「インドの仏跡霊鷲山に登ったときに、私は『無量寿経』のなかにあるこの「霊山《りょうぜん》現土《げんど》の文《もん》」を思い出したんです。阿弥陀如来は西のほうから現れたとありますが、これはね、霊鷲山の西のほうがずーっと見晴らしがいいんです。その向こうの隔たったところに山々がありまして、その峰づたいに城壁が築かれています。私は城壁の向こうの西の空をながめて、はーあのあたりに阿弥陀如来は現れたんだなと、いかにもその感じがよく味わえるんですね」。（『教行信証を読む』）

霊鷲山山頂にて説法台を拝する櫻井鎔俊和上（1956年）

5　法然聖人の『勅修御伝』に「衆生仏《ぶつ》を礼《らい》すれば、仏これを見たまふ。衆生仏を唱ふれば、仏これを聞きたまふ。衆生仏を念ずれば、仏衆生を念じたまふ」とある。

6　竹林精舎のいわれ　『玄応音義』による。玄応は玄奘三蔵の依頼により西安の大慈恩寺で経典の翻訳に当たった人。

7　アーラーラ・カーラーマとウッダカ・ラーマプッタ

アーラーラ・カーラーマはネパール国境近くまで名声がおよんでいたという。二人の仙人の教えをすぐに体得した釈尊は、「この教えは安穏の安らぎ（涅槃）に導かない」と判断し、立ち去られた。

ラーマプッタとは、ラーマの子という意味。ラーマは、古代インドの叙事詩「ラーマーヤナ（ラーマ王行伝）」に登場する主人公の名前で、ヴィシュヌ神（ヒンドゥー教でシヴァ神と並ぶ最高神）の化身《けしん》ともいわれている。

現在、マーガリンの商品名に「ラーマ」とか「ラーマソフト」とあるのは、このラーマからとったものである。

アーラーラは「無所有処」を、ウッダカは「非想非非想処」を説いたと伝えられている。中村先生は、「二人の教えの内容はほとんど不明だが、もっとも古い経典では釈尊の教えとして説かれていたものが、仏教が発展してくると、アーラーラやウッダカの説に置き換えられているので、釈尊は二人から深い精神的影響を受けたことは疑いない」といわれている。

また、「アーラーラを訪ねるためにカピラ城を出発した釈尊は、その途中、王舎城でビンビサーラ王に会い、ウッダカの庵《いおり》におもむいた（『仏所行讃』）とする記述がある。別伝には、アーラーラはヴァイシャーリ市の傍らに三百人の弟子とともに住んでいた。彼を訪ねてからマガダ国の王舎城に行き、ビンビサーラ王に会って、その近くに、七百人の弟子とともに住んでいたウッダカ仙人に会った（『方広大荘厳経』）とするものがあり、地理的なことははっきりしない」ともいわれている。

2 ナーランダー～玄奘三蔵が学んだ大学

旅行ガイド

五百人の商人たちが釈尊に土地を寄進したと伝えられているナーランダー[註1]。釈尊の弟子サーリプッタ（舎利弗）とモッガラーナ（目連）の生まれたところです。「サーリプッタの墓」といわれる塔もあります。五世紀にできた仏教学の一大センター「ナーランダー大学跡」で、僧侶たちの講堂跡、住居跡など玄奘三蔵が学んだころを偲んでみましょう。

旅日記　三日目

◆ナーランダー大学跡

十時五分、ナーランダー大学跡に向けてバスは出発。ラージギールから一五キロほど北にあり、三十分で到着した。

遺跡の周囲は静かな農村風景が広がっていた。入口の道路の両脇には、ブーゲンビリア、ハイビスカス、カンナやバラなどの美しい花が咲いていた。

まず入口から二〇〇メートル東側にある考古博物館を見学。仏像など発掘品が陳列されていた。『大唐西域記』によると、ナーランダーの地名は、伽藍の南にあったマンゴーの林の中の池に棲《す》んでいた龍がナーランダーという名前だったことに由来するという。「ナーランダー寺」の創建は、五百人の商人がこのマンゴー園を、合わせて十億の金を出して菴《あん》没羅《もら》長者から買い、釈尊に寄進したことにはじまる。寺院だが研究所もあったので、「ナーランダー寺」とも「ナーランダー大学」とも呼ばれる。

この大学は、五世紀初頭、グプタ王朝のシャクラディトヤ王の創建になるといわれ、十二世紀にイスラム教徒に破壊されるまで、仏教学の一大センターであった。七世紀に玄奘三蔵がここに滞在したときは、一万人もの学僧が、仏教をはじめバラモン教典のヴェーダ聖典・因明《いんみょう》（古代インドの論理学）・声明《しょうみょう》（音楽）・医方（医学）・術数（日月の運行から暦を作る術）などいろいろな学問を学んでいた、と前田行貴氏は記している。

現代は、きれいな芝生が広がる中に十一の僧院（修行者の住居）跡、十四の寺院跡が残っている。レンガの土台や壁の一部、仏塔の基部などが当時の規模を物語っている。今もあちこちで修復作業がすすめられていた。中央には講堂跡があり、住居にはベッド跡、書庫跡、井戸跡、台所跡があった。

インド独立後の一九五一年、ビハール州政府は遺跡の南側に新ナーランダー大学を設置、パーリ語やサンスクリット語や仏教学の研究所としている。

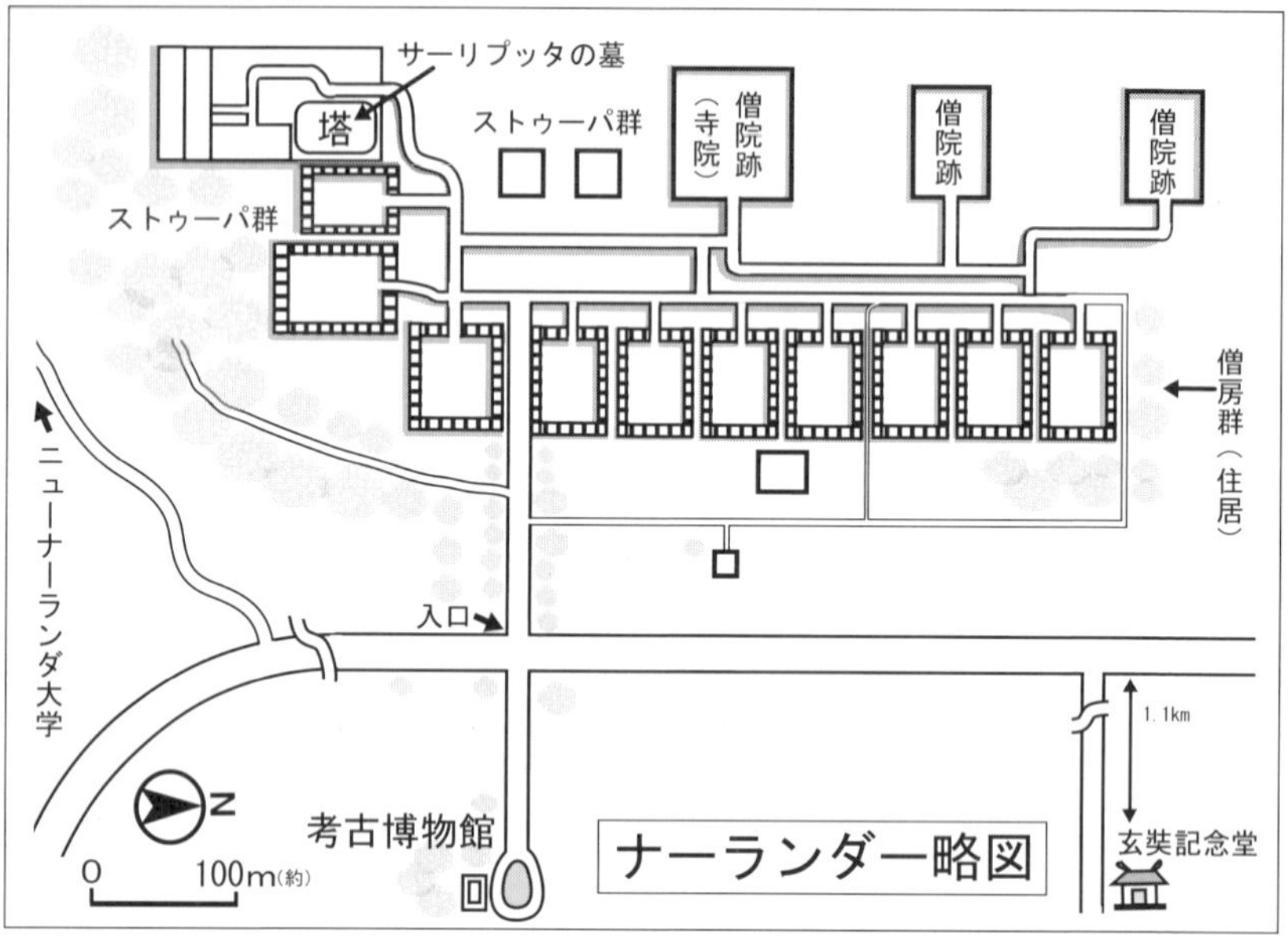
サーリプッタの墓
塔
ストゥーパ群
僧院跡（寺院）
僧院跡
僧院跡
ストゥーパ群
僧房群（住居）
ニューナーランダ大学
入口
1.1km
考古博物館
ナーランダー略図
玄奘記念堂
0
100m(約)
N

ナーランダー大学跡

◈サーリプッタの墓

ナーランダーの講堂の西側に、「サーリプッタの墓」といわれる塔が立っていた。釈尊より年上であったサーリプッタは、竹林精舎におられた釈尊に別れを告げ、故郷のこの地で母に看取られて亡くなった。

ナーランダー大学をゆっくり見学して、十一時四十五分出発、ラージギールのホテルに戻ったのは十二時十五分だった。二号車がナーランダーに着いたのは、十二時半頃だった。

幼なじみのサーリプッタとモッガラーナ

釈尊の十大弟子のなかで、智慧《ちえ》第一といわれたサーリプッタと、神通第一といわれたモッガラーナは、ともにこの地方のバラモン階級の家に生まれ、小さいころから大の仲良しでいつも一緒だった。

あるとき王舎城の近くの村でにぎやかな祭礼があった。その祭りをみてサーリプッタは「これらの人びとは、今は晴れやかな顔をして笑いあっているが、百年後には生きているものはひとりもいないではないか」という思いにとらわれた。

同じ思いだったモッガラーナと、両親の反対を押し切って、六師外道(註2)のひとり、懐疑論者として有名なサンジャヤのもとで出家した。教学の習得は早く、それぞれ百人を越える弟子をもち、名声が高かったが、心の平安は得られなかった。

ある日、サーリプッタは王舎城の町で托鉢をしていたアッサジの立ち居振る舞いを一目みて、『安心の道を説く正しい師についている人に違いない』と心打たれた。それでアッサジの托鉢が終わるのを待って言葉をかけたサーリプッタは、はじめて釈尊のことを知り、モッガラーナとともに竹林精舎の釈尊を訪ねた。

二人はそこでさとりを得て、それぞれの弟子二百五十人を率いて集団で仏教に改宗した。二人の師であるサンジャヤは「口から熱血を吐いた」という。これは宗教家が憤慨したことを示す当時の表現である。

サーリプッタは生涯、自分を仏道に導いてくれたアッサジの恩を忘れず、アッサジのいる方向に向かって礼拝し、足を向けて寝ることもなかった。アッサジは、ベナレス郊外のサールナート（鹿野園）で釈尊の最初の説法を聞いた五比丘《びく》（出家僧）のひとりである。

モッガラーナの悲惨な最期

ナーランダー近くのカリータ村で生まれたモッガラーナの最期《さいご》について、『法句経《ほっくきょう》』などに書かれているので紹介しておこう。

釈尊が活躍された時代は、王舎城を首都とするマガダ国に「六師外道」と呼ばれる新しい思想家たちが次々と生まれていた。彼ら、とくにジャイナ教にとっては、マガダ国王の庇護《ひご》を受けた仏教はライバルだった。

釈尊の従兄弟であり弟子であったデーヴァダッタは、アジャータシャトル王と手を結び、釈尊の教団を自分のものにしようと欲心をおこしたが、失敗し教団を離れた。

恨みをいだいたデーヴァダッタは、釈尊の留守のあいだに釈尊の教団から引き抜いた新しい弟子たちを連れて、霊鷲山の裏手にあたる伽耶山《かやさん》に拠点を置いた。サーリプッタとモッガラーナは、弟子を連れ戻すために伽耶山におもむいた。そうとも知らずに、自分の教団を讃嘆してくれると思ったのか、デーヴァダッタは二人に説法する機会を与えた。ところがモッガラーナは、神通力を使って、デーヴァダッタの弟子五百人に「デーヴァダッタの教えは間違っている」ことを説いたので、弟子たちはデーヴァダッタの教団を離れた。

釈尊の教団に反感をもっていたデーヴァダッタ教団はますます恨みを深め、釈尊やサーリプッタとモッガラーナを殺そうと企てた。また、ジャイナ教徒たちも、仏教が盛んになったのはモッガラーナの神通力のためだと反感をいだいていた。

ある日、王舎城で托鉢をしていたモッガラーナは、恨みを抱いていた人たちに石を投げられ、道ばたの草むらに倒れた。モッガラーナの骨はくだけ、血を流し、やがて息を引き取った。アジャータシャトル王はこの事件を聞くや、害を与えた者を刑に処した。そして釈尊は、竹林精舎の門のあたりに塔を建ててモッガラーナを弔ったという。

モッガラーナが亡くなる直前に幼なじみのサーリプッタは、「あなたは神通第一といわれるほどの力をもっている。それなのにどうして、迫害を避けることができなかったのか」と尋ねた。

その問いに対してモッガラーナは、「これは私の前世の報いなのだ。私は前世において父母を苦しめたことによって、その報いとしてこのような苦しみを受けているのだ。この苦痛はけっして偶然ではなく、まさに悪行の当然の結果なのだよ」といい、サーリプッタの友情に感謝しながら息を引き取ったという。

釈尊は「修行者のみなに聞いてもらいたい。モッガラーナ尊者はよく定められたとおりの最期を遂げた。彼は前世において妻にそそのかされて目の不自由な両親を森の中に棄て、その上殺害した。彼はその報いによって長く地獄の苦しみを受けたのち、この世に生まれてさとりをひらき阿羅漢《あらかん》（仏弟子の到達する最高の位）になった。しかしそれでもまだわずかに残った悪業のために、このような悲惨な最期を遂げたのだ」と説法された。釈尊が七十二歳のときのできごとだった。

補註

1　**ナーランダー**　中村先生は「釈尊が王舎城からパータリ村に行く途中、ナーランダーを通られたことは十分考えられるが、当時ナーランダーが特に重要な土地であったかは不明である。おそらく後世にナーランダーが重要となったのでパーリ語の仏典に（そのことが）明記されることになったのだろう。また、ナーランダーでは釈尊はサーリプッタと対談したことになっているが、サーリプッタは釈尊よりも早く亡くなっているから、ほかの経典の一説が混じったもので、歴史的事実ではない」といわれている。

2　**六師外道**　釈尊とほぼ同時代に活躍した六人の自由思想家の総称。外道とは仏教以外の教えのこと。①プーラナ・カッサパ＝道徳否定論者。②マッカリ・ゴーサラ＝宿命的自然論者。③サンジャヤ・ベーラプッタ＝懐疑論者、不可知論者。④アジタ・ケーサカンバラ＝唯物論者、快楽論者。⑤パクタ・カッチャーヤナ＝無因縁的感覚論者。⑥ニガンタ・ナータプッタ＝自由制御説、ジャイナ教の開祖。

3 ブッダガヤー～さとりの地

旅行ガイド
釈尊がさとりをひらかれたブッダガヤーは仏教徒にとって最も重要な聖地です。「大塔」を中心に、「スジャーターの塔」「日本寺」などを訪ねるコースがあります。「尼連禅河」の向こうには苦行された「前正覚山」も見えます。釈尊はここでどんな苦行をされ、何をさとられたのかを確認しましょう。

旅日記　三日目・四日目

ブッダガヤー到着

ガヤーの町の人口は七十八万人。町が近づいても一面真っ暗なので不思議に思っていたら、ガイドのポールさんが、「いまガヤーの町全体が停電です」と説明してくれた。発電量の足りないインドではよくあることだという。そういえば二十年前も同じだった。これもインドらしいところだといえるだろう。

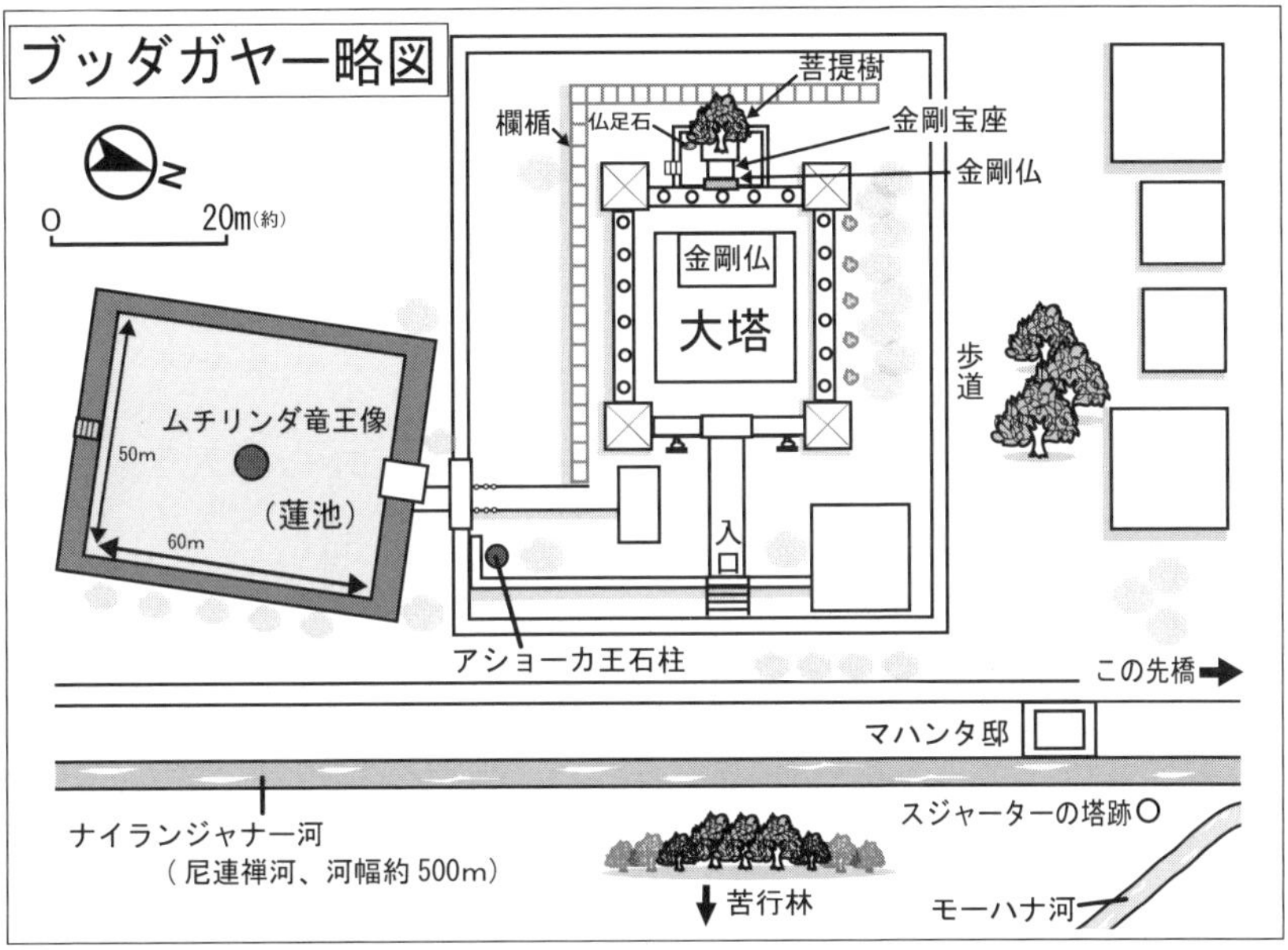

ガヤーから南へ約一〇キロ。ナイランジャナー河（尼連禅河）の近くにブッダガヤーはある。夜八時十分、ホテル・マハーヤナゲストハウスに到着した。マハーヤナとは、大きな乗物（大乗）という意味である。バスを降りると気温も湿度も高く、ホテルの共同トイレには大きな蚊がたくさんいたので驚いた。

夕食後、希望者はバスで近くの土産物店へ行ったが、とくに欲しいものがなかったため何も買わずに帰った。シャワーを浴びて十二時ごろ就寝。

◈大塔

七時朝食。七時五十分にホテルを出発。

ブッダガヤーは、現在は、ボード・ガヤーと呼ばれている。大塔一帯は、マハンタ家の私有地だったものを、仏滅二千五百年の記念行事に際し、政府考古局に寄付したのだという。

ガヤーはヒンドゥー教の聖地で、どんな重罪人でも悔い改めるならば許して天界に導くように、ヴィシュヌ神から委《ゆだ》ねられているガヤーという天使の神話に由来している。（前田専學『ブッダを語る』）

大塔は、正式には「大菩提寺」と呼ばれ、下が正方形の角錐《かくすい》、基部は一辺約一五メートル、高さ約五二メートル。二〇〇二年に世界遺産に登録された。

前田行貴氏は、「最初の塔は、紀元前二五四年にアショーカ王が建てた。その後何度か改築され、六三五年に玄奘三蔵が参拝した記録が、現在のものに似ている。十三世紀初め、アフガニスタンからイスラム教徒が侵入し、ビハール地方を攻略したさい、仏教徒たちは塔を土で覆って、小高い丘のように見せかけた。そのおかげで、壊滅からのがれることができた。

一八八〇年、考古学者カニンガムなどの努力によって、玄奘三蔵の『大唐西域記』などの残された資料をもとに大塔が発掘された。その翌年、ベーグラーが金剛宝座を探り当て、その下から仏舎利を見出した。（註1）一九五六年の仏滅二千五百年を記念して大幅な修理が施され、現在にいたっている」と記している。

私たち一行は、大塔の東にあたる正面ではきものを脱ぎ、それを預けて門の中に入り、四十段ほどの石段をおりて本堂にお参りした。ここからも、この塔が丘に埋められていたことが想像できる。

こんなに大きな塔が埋められていたという驚きとともに、先人の努力と信仰の力に敬服するばかりだ。

本尊はもちろん釈尊で、三十五歳の「降魔成道《ごうまじょうどう》」の姿である。九世紀ごろは黒い石の仏像であったが、現在はビルマの篤信家《とくしんか》によって黄金に彩られている。

本堂の前ではチベットの僧侶が五体投地の礼拝をし、お経を唱えていた。二十年前の光景と少しも変わらなかった。

裏手にあたる西側には、釈尊が坐禅をしてさとりをひらかれたという場所に「金剛宝座」がある。一三五×二二八センチ、厚さ一五センチで、その上を菩提樹（註2）の大木が覆っている。

各自、本堂をお参りしたあと、裏手にまわって背丈ほどの石柱で囲まれた金剛宝座に集合。座ると入りきらないので、全員が立って金剛宝座を囲み、大谷光淳師の調声《ちょうしょう》で『讃仏偈《さんぶつけ》』を読経《どきょう》、焼香した。

入り口には、紀元前一世紀のものといわれる「仏足石」がある。二十年前には、数人の僧侶がこの石に白い布をかぶせ、オレンジ色の染料を塗りたくり、拓本をとっていた。土産にするのか販売するのかわからないが、日本では考えられない光景だった。

◈欄楯と蓮池

参拝後は、ガイドのポールさんから、聖域のまわりを石柵で囲った「欄楯《らんじゅん》」の説明があった。仏

金剛宝座と菩提樹

伝やジャータカ物語のほかに、ギリシャ神話にでてくるような腰から上が人間で下半身が馬の姿をした生き物の図が刻まれており、それが古くからギリシャ文明と交流があったことの証拠であるという。南側には、釈尊がさとりをひらかれたあとに沐浴《もくよく》されたと伝えられる「蓮池」という大きな沐浴場があり、その前で記念撮影をした。旅行四日目にしてはじめて全員がそろった記念撮影だった。

◈スジャーターの塔跡

参拝を終え大塔を出発した二台のバスは、「マハンタの大邸宅」の近くを通って、ナイランジャナー河[註3]にかかる橋を渡った。一九九七年七月にかけられたもので、それまではこのセーナー村はたいへん貧しかったが、橋ができてからは、村民もよく働くので生活水準はかなり高くなったそうだ。ナイランジャナー河は、雨期を除けば膝くらいの水量で、歩いて渡ることができる。

バスはセーナー村の農家の間を通り抜け、小高く盛り土をした「スジャーターの塔跡」の前に九時十分に到着した。釈尊が六年間の苦行をやめ、村長の娘スジャーターから乳糜《にゅうび》（牛乳でつくったお粥）の供養を受けた場所である。「褐色の恋人スジャータ」という宣伝文句で有名なコーヒーにいれるミルクの商品名は、彼女の名前からとったものだ。釈尊が苦行された「苦行林」は、そこからさらに七〇〇メートルほど奥にあるという。

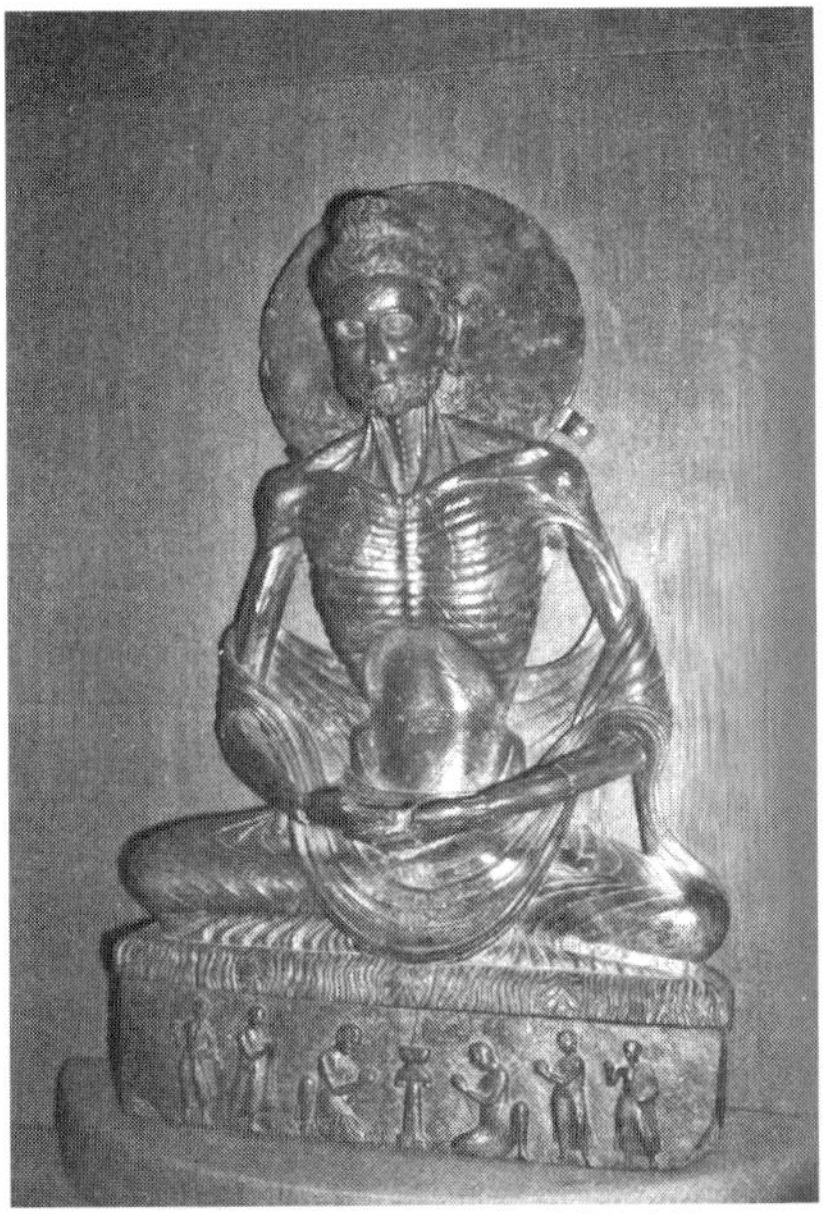

釈迦苦行像（ラホール博物館）

「釈迦苦行像」として最も有名なものは、パキスタンのラホール博物館にある二世紀後半に作られたものである。高さ約九〇センチの等身大の座像で、肋骨《ろっこつ》は露出し、目や腹はくぼみ、骨と皮の仏像だった。一九八一年に、現地で中村先生ら東方学院の一行と見学したときは、閑散とした比較的明るい博物館の中で目前に見ることができ、みなしばらく動けないほどの感動を受けた。一九八四年に東京の西武美術館で展示されたときは、薄暗い会場でスポットライトの当てられた苦行像を、人混みの中で遠巻きに見ることができた。

◈日本寺

続いて日本寺へ。前田行貴氏によれば、「一九五六年の仏滅二千五百年を記念して、当時のネール首相の提案で国際仏教センターの建設がはじまり、インド、スリランカ、バングラディシュ、ミャンマー、タイ、ベトナム、ブータン、ネパール、チベット、中国、韓国、日本の各寺院が建って

スジャーター・ストゥーパ

ナイランジャナー河にかかる橋

日本寺

いる。国際仏教センターの構想は、一八九九年にこの地を参拝した岡倉天心によって提唱されたが、当時は採用されなかった」という。

日本寺には小一時間の滞在であったが、一号車のHさんの娘さんがここで働いておられるということが車内でも話題にたびたびのぼり、一昨日の事故渋滞以来一体感を強くした一号車の全員が旅先での父娘の再会を一緒に喜んだ。二十年前にここに宿泊したときは、食事や部屋にいるとき、何度も停電した記憶がよみがえる。

本堂にお参りしたあと、全員の懇志をまとめて日本寺に寄付。土産に、小さなフタつきの壺に入ったナイランジャナー河の砂をいただいた。「ガンジス河の真砂《まさご》より、あまたおわするほとけたち……」という九条武子さん（本願寺派二十二世大谷光瑞上人の妹）が詠まれた『聖夜』に歌われているように、こまかい砂、真砂だった。

ふたたび渋滞続きでベナレスへ

国道八三号線で二三〇キロ先のベナレスへ向かう。途中から国道二号線に入ると道路がよくなり交通量も多くなった。クッドラックという町で、三時二十五分から四十分間昼食をとった。しばらく走って、五時過ぎあたりから二時間の渋滞。一〇〇メートルほど先で親子の乗った馬車がタンクローリー車と衝突し、親子は即死状態だという。警察が来て事故処理をしているが、なかなか処理がすすまない。そのうえ、村長の証明を得ないと事故処理を完了したことにはならないのだそうだ。

食後だから、当然自然現象をもよおす。停車したバスの横にちょうど物置のような小屋があったので、ほとんどの人はその陰で用を済ませた。恥ずかしいとか不潔だとかいっていたらインドを旅行することはできない。用を足したあとが気になる人は「携帯用ウェットティッシュ」を用意しておくと便利だ。食事前にも手の消毒ができるから、おすすめの一品である。

渋滞が解消したあと、対向車線の渋滞待ちの車の台数を数えてみたら約六百台。そのうち乗用車は四台、路線バスが二台、あとはみなトラックだった。物資の流通がたいへん盛んなことがわかる。夜八時四十分、ベナレスの手前一〇キロの地点でふたたび渋滞。かなり遠回りになるがUターンして、バスは真っ暗な迂回路の有料道路を猛スピードで走った。

町に入ると警察の高官の結婚式とやらで、またまた道路は大渋滞。ホテルに着いたのは夜の十一時半ごろだった。夕食を終え、くたくたになった体を休めるために部屋へ向かったのは十二時近くだった。

前々日に踏み切りでの渋滞、一号車と二号車が分断されるというハプニング、この日は三度も渋滞にあい、ポールさんは「長年ガイドをしているが、こんなに渋滞にあったのは初めてです」とあきれ顔で話していた。日本を出てまだ四日。一日が長いので一週間ほども過ぎたような気分だった。

釈尊のあしあと②

王舎城からガヤーへ。王舎城を離れた釈尊は、無上の絶妙なる寂静《じゃくじょう》の境地を求めて、バラモン教の聖地として修行する人の多かったガヤーに向かわれた。そしてガンジス河の支流であるナイランジャナー河（汚れ無きものの意）のほとり、ウルヴェーラー（広い岸辺の意）のセーナー村で、苦行（註4）に入られた。

スジャーターの供養。釈尊は、どれほど苦行をしてもいたずらに肉体を苦しめるだけで、安らぎの境地、寂静の境地は得られなかった。そこで六年間におよぶ苦行をすて、ナイランジャナー河で沐浴をされた。そこへ、近くのセーナー村の村長の娘スジャーター（養生の意）が乳糜《にゅうび》を持ってきて釈尊に差し出した。

乳糜を受け取った釈尊の姿を見て、それまで釈尊とともに修行をしていた五人の修行者は、釈尊が堕落したと思い、その場から去っていってしまった。

前正覚山と留影窟《りゅうえいくつ》。スジャーターの捧げる乳糜によって体力を回復された釈尊は、近くの山に登られた。『大唐西域記』によれば、「スジャーターの乳糜の供養を受け、この山に目をやると幽寂《ゆうじゃく》の感があり、ここでさとりをひらくべく頂上に登ったところ、大地が震動し山も傾き揺らいだ。山の神や天の神は恐れおののき、山をおりて十四、五里（約六キロ。中国の一里は四〇〇メートル）の苦行林に近いウルヴェーラー村のピッパラ樹（菩提樹）の下でさとりをひらくように釈尊に懇請した。その際、この山の石室に住む龍が、自らが住む石室で釈尊がさとりをひらくように

前正覚山（丸山勇氏撮影）

願ったので、釈尊は龍の願いをかなえるために自らの影を石室に残して立ち去った。それが『留影窟《りゅうえいくつ》』である」という。

この山は、正覚《しょうがく》（さとり）をひらく前に登られた山なので、「前正覚山」と呼ばれるようになった。

ブッダガヤーでさとりをひらかれた釈尊は、七日間、ピッパラ樹の下で瞑想された。その後、アジャパーラ榕樹《ようじゅ》の下に移り瞑想されているところに、傲慢なバラモンがやってきたのを感化した。そののち、ムチャリンダ樹のもとに移り、ムチャリンダ龍王（蛇）が釈尊に帰依した。

それからラージャーヤタナ樹の下に移り、また七日間瞑想していると、タプッサとバッリカの二人の商人が訪ねてきて最初の在俗信者になった。[註5] スジャーターの帰依とあわせて、男女の在俗信者ができた。

梵天勧請《ぼんてんかんじょう》。釈尊は、ふたたびアジャパーラ榕樹の下に戻り瞑想に入られたが、自分のさとった真理を人びとに説くことに躊躇《ちゅうちょ》を感じ始めていた。「私がさとった真理は、奥深く、きわめて難しい。この内容を理解してくれる者が、はたして存在するだろうか……」。

釈尊が真理を説くことを断念しようとしたとき、梵天が三回にわたり説法するようにすすめた。「梵天勧請」として有名な話である。梵天は、ヒンドゥー教においては世界の創造神であり、最高の神と敬われていたから、梵天の懇請は、ヒンドゥー教社会に伝道する正当化と権威づけがあったと思われる。

苦行は、インドでは古くから行われていて、断食をしたり長期間同じ姿勢を保ったりして、意識的に自らの肉体を苦しめることによって物理的欲望をおさえ、精神生活の向上をはかる修行方法で、その結果ある種の神秘的、超人的な力をもつようになると信じられていた。

セーナー村は、バラモンだけが住んでいた村であったという。「尼連禅河の畔《ほとり》にあって、安穏を得るために、つとめはげみ専心し、努力して瞑想していたわたくしに、悪魔ナムチはいたわりのことばを発しつつ近づいてきて言った」（『聖求経《しょうぐきょう》』）と、のちに釈尊は回想されている。

悪魔ナムチの誘惑は、旧来の社会的基盤に依存する旧い伝統的なイデオロギーと、新しい社会的基盤から生まれ出る思惟との対立抗争の反映にほかならない。当時のインドでは、神や祖先をまつる祭祀をつかさどるバラモンの権威は絶頂を過ぎて、貨幣経済が進展し、商工業者たちが経済的実権を握り、物質的生活が豊かになり、道徳の退廃もいちじるしかったという。そのような社会状況の中で、新しい思想家たちが登場してきた。釈尊もそのひとりであり、釈尊の教えとは異なる六人の思想家「六師外道」もそうした人たちだった。それまで最も権威をもっていたバラモンの教えは、自ずから否定される立場にあった、と中村先生はいわれる。

十二縁起。前正覚山からおりられた釈尊は、ウルヴェーラーに向かい、古来、不思議な霊樹といわれ不死を観察する場所とされたアシュヴァッダ樹（菩提樹。ピッパラ樹ともいう）の根元に坐り、坐禅三昧に入られた。さとりの道は、ただ智である。智慧は心をしずめることからおこると気づき、坐禅を行じられたのだった。坐禅をしている釈尊に、悪魔が襲いかかる「降魔成道《ごうまじょうどう》」の話があるる。それは、「既成のバラモン教の殻を破り、新しい智慧によるさとりの展開」を示したものと、中村先生はいわれる。坐禅に入って、釈尊は「十二縁起」をさとられたという。(註6) そのとき釈尊は三十五歳。さとりをひらかれた十二月八日を、日本では「成道の日」として祝い、スリランカでは五月のウェーサク祭にまとめて祝う。

補註

1　大塔の仏舎利　多くの書籍には今でも、大塔は「仏舎利をまつる塔ではなく、本尊と金剛宝座をまつる祀堂である」と紹介されており、かなり昔から住民の間でも「祀堂」といわれていたという。しかしベーグラーの仏舎利発見により仏舎利をまつる塔であることが明らかになった。

2　菩提樹　前田行貴氏によれば、釈尊当時の菩提樹は六世紀はじめの廃仏の兵火に遭い絶えた。かつてアショーカ王が王子と王女をスリランカに派遣したときに、ブッダガヤーの菩提樹の実を釈尊の象徴として贈った。その実が生長した木から採れた実を、一八八〇年の復元工事のときに、スリランカから譲り受け、植えられたものが現在の菩提樹であるという。

「菩提樹」の名は、釈尊がこの木の下で一週間瞑想され、さとり（菩提）をひらかれたところから名付けられたもので、それまではサンスクリット語で、ピッパラ樹とかアシュヴァッダ樹と呼ばれていた。

3　尼連禅河　『無量寿経』に、「……樹下《じゅげ》に端座《たんざ》し、勤苦《ごんく》すること六年、行、所応《しょおう》のごとくまします。五《ご》濁《じょく》の刹《せつ》に現じて群生《ぐんじょう》に随順す。塵垢《じんく》ありと示して金流《こんる》に沐浴《もくよく》す」と「金流」と表現されている。鳥居孝順師も櫻井和上も、「経典の尼連禅河はモーハナ河と解釈しないと、現在の尼連禅河ではスジャーターと出会ったところに結びつかない」という見解を示されている。（次頁地図参照）

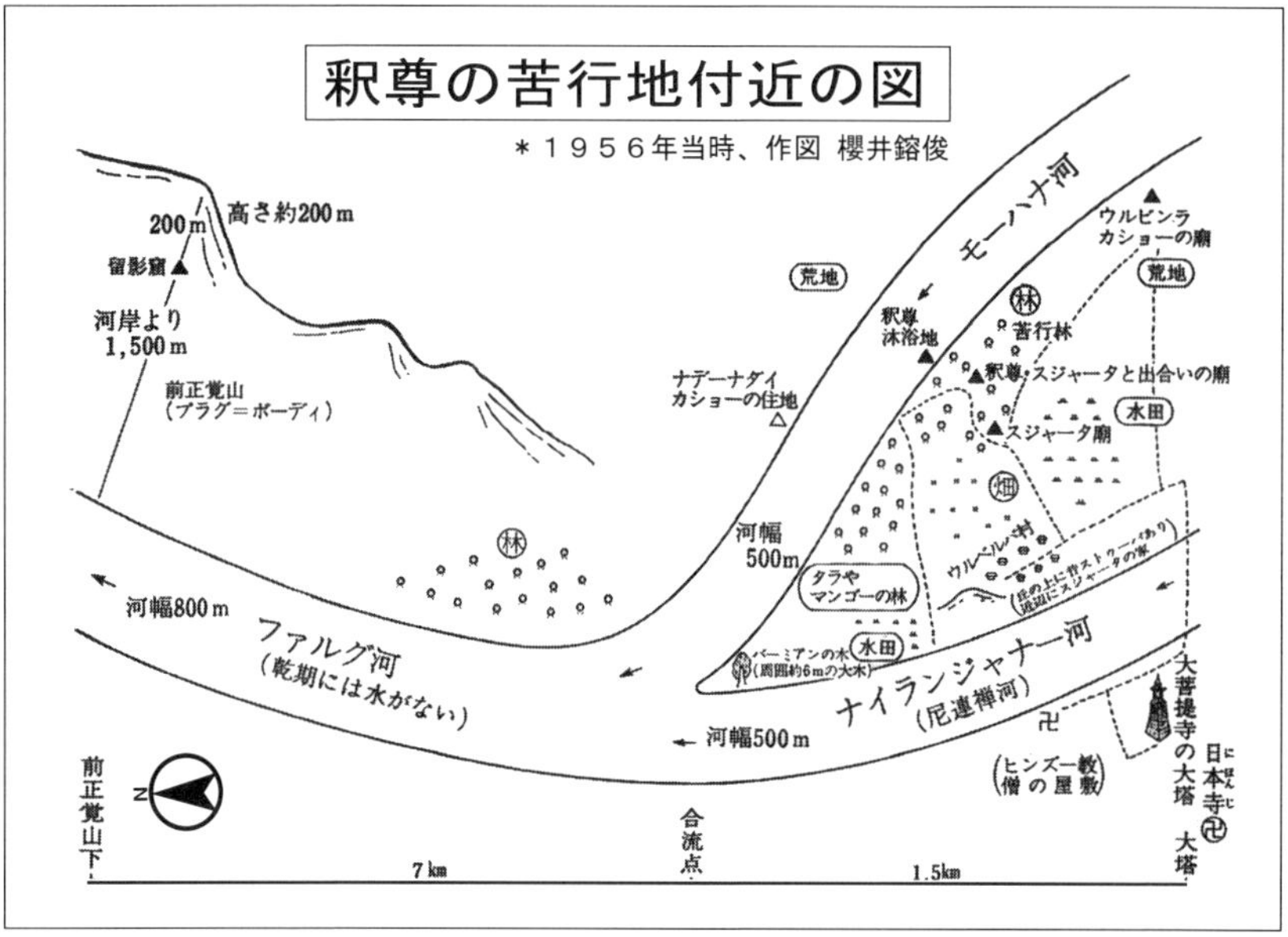

中村先生は、「ガヤーからブッダガヤーにいたる七マイルの道程は、田舎の静寂をたもち、パルグ河を横切ってそよ風が吹いてくる。その道に沿ってブッダガヤーの近くでは、リーラージャン河が流れている。これは昔のナイランジャナー河であって、河岸の砂が日光を照り返してきらきらと美しく見える。「ウルヴェーラー」というのは「ひろい岸辺」という意味であるから、昔はそこの河がもっと大きく、水も多量に疾く流れ、威圧を感ぜしめるものがあり、それに対応して岸辺ももっとひろかったのであろう。ウルヴェーラーが今日のブッダガヤーに相当するのである」といわれている。

鳥居孝順師は、日本寺が創建された一九七〇年以来十年間この地に滞在された方で、中村先生からご紹介をいただいて真々園にご招待し、滞在しなければわからない次のような珍しい話をたくさんうかがった。

・上座部（小乗）仏教徒から、日本など戒律を守らない大衆部《だいしゅぶ》（大乗）仏教徒の僧は差別された。
・夏期には、気温が五十二、三度になるので、タクシーに乗ると「暑いから窓を閉めてくれ」という。
・日本語の五十音の配列は、サンスクリットが元になっている。
・釈尊が洞窟に住み黄土色の衣を着られたのは、蛇やサソリなどの毒虫から身を守るためである。

4　**苦行**　櫻井和上は苦行を現代的に解釈され、「求道者は、知らずに苦行外道となることが多い。肉体的に苦行はせずとも、精神的苦行をやる。自分の心を虐《しいた》げ、自らの心を苦しめることが入信の必須条件のように思い込む。いわゆる宗教的被虐症である。信仰に入るにはかならずしも心を虐げる必要はないのであって、よき指導者を求めて、法を聞き、法を行ずることが近道である」といわれる。「法を聞き、法を行ずる」とは、念仏門の私たちにとっては、お念仏を称え、人間の分別をまじえず南無阿弥陀仏の名号（お名前）を聞くことである。

5　**在俗信者**　中村先生は、「ゴータマ・ブッダにとって、出家の弟子ができる以前に、在俗信者が現れたということは非常に重要である。たとい出家の弟子がひとりもいなくても、修行者は修行者として生活しうる。しかし、在俗信者がもしもひとりもいなかったならば、修行者は生活し得ない。なんとなれば、かれは生産から離れているからである。この社会依存関係を、在俗信者帰依の伝説はよく表明している」といわれている。

6　**十二縁起**　「すなわち、無明《むみょう》によって生活作用があり、生活作用によって識別作用があり、識別作用によって名称と形態があり、名称と形態とによって六つの感受作用があり、六つの感受作用によって対象との接触があり、対象との接触によって感受作用があり、感受作用によって妄執《もうしゅう》があり、妄執によって執着があり、執着によって生存があり、生存によって出生があり、出生によって老いと死、憂い、悲しみ、苦しみ、悩みが生ずる。このようにしてこの苦しみのわだかまりがすべて生起する」（『律蔵』「大品」）《無明→行→識→名色→六処→触→受→愛→取→有→生→老死》という図式になる。苦悩の根源は無明にあり、無明を解脱すれば苦悩はなくなるという。

櫻井和上は、「ひとつのものを二つにみるのが迷い（無明）で、二つのままでひとつに見るのがさとり（解脱）」と、やさしいことばで説かれている。「ご信心いただけないと言っている人は、如来さまと自分とを二つに分けているからです」「仏さまとわれわれとは、百八十度の違いですが、そのままでひとつになれるのは、ナモアミダブツで無明が破られたからです」。

親鸞聖人が『教行信証』に、「無碍《むげ》の光明は無明の闇《あん》を破する慧日《えにち》なり」（総序）とか、「名《みな》を称するに、よく衆生の一切の無明を破し……」（行巻）といわれた心を、いいかえられたものだろう。

無碍の光明は、仏さまのお徳が智慧というすがたをとって、二元論の根っこをなしている無明の闇を破ってくださる。愚かな私たちの口に称えていても、その念仏は、人間の分別（二元論）を超えた仏さまからいただいたナモアミダブツであり、その仏さまのはたらきによって、人間の迷いや疑いが破られるお徳に満ちた称名念仏だ、と私は味わい理解している。

後に釈尊は、無明から解脱する方法として八つの実践方法「八正道（八聖道）」を説かれたが、一方で、八正道を実行できないものを哀れみ、私たち凡人でも行える最適の方法として、念仏を称えることをすすめられている。（一〇二頁参照）

4 サールナート
〜初転法輪の地、鹿野苑

旅行ガイド

サールナートはベナレスの郊外にあるので、ベナレスに宿泊して行くことになります。ベナレスは古くからヒンドゥー教徒最大の聖地です。サールナートは、釈尊がはじめて法を説かれた重要な場所です。「迎仏塔」「アショーカ王の石柱」、弥勒菩薩がさとりをひらかれる場所といわれる「ダーメークの塔」、釈尊の生涯をえがいた美しい絵がある「初転法輪寺」があります。釈尊はここで、どんな教えを説かれたのでしょうか。

旅日記　五・六日目

人力車でベナレス散策

「ベナレス」は、英語名ベナリース（Benares）を日本語読みにしたもので、現地の人にいっても通じない。地図や駅名など正式な表示には、ヴァーラーナシ（Varanasi）が使われている。町がヴァルナー川（Varuna）とアッシ川（Assi）にはさまれているからだ。日常会話ではバナーラス

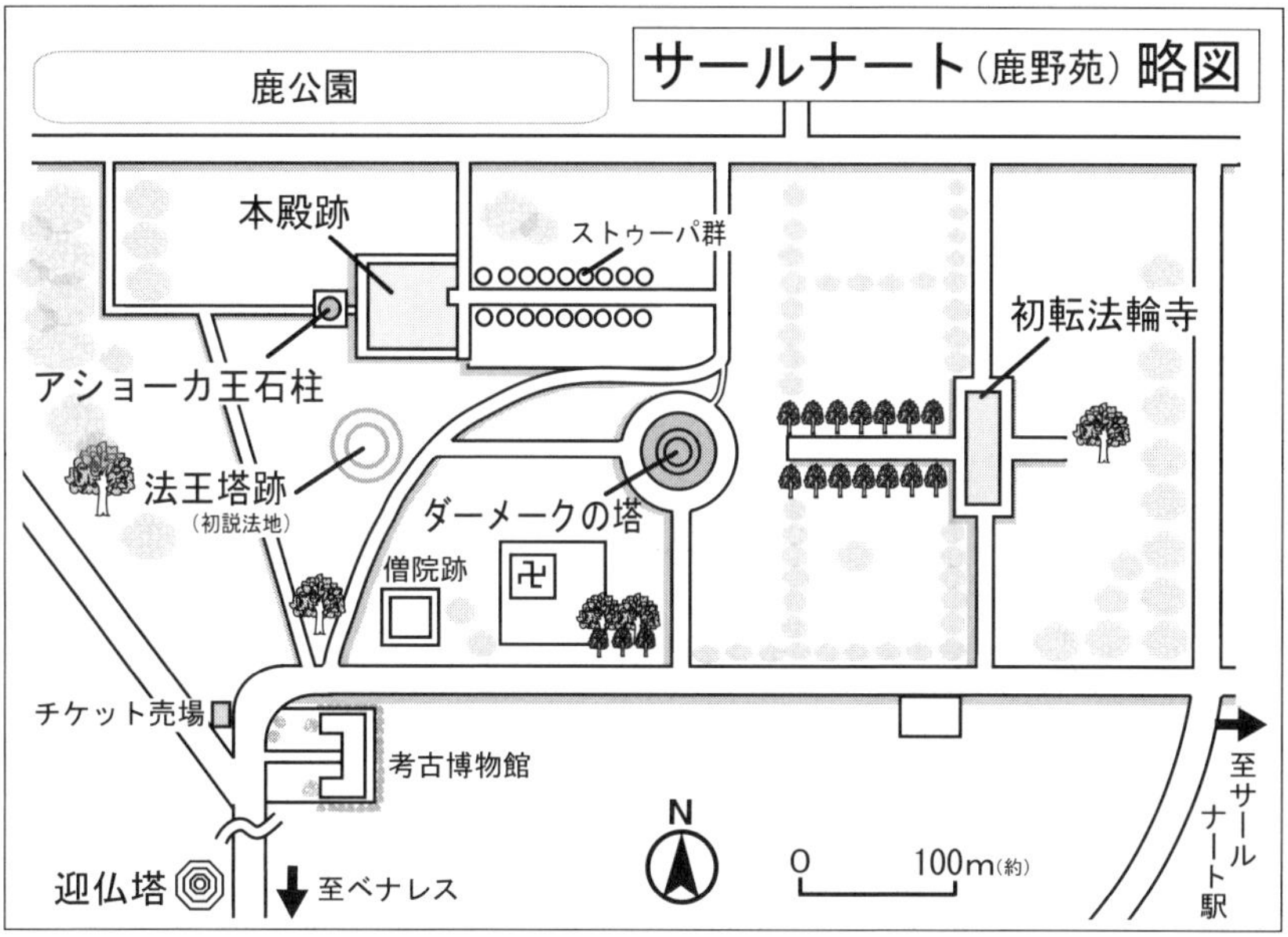

(Banaras) も使われている。

ホテルはベナレスでもっとも古い、庭園のあるホテル・クラークス。連日の疲労を考慮して、朝食は八時から十時の間に各自が自由にとり、午前中は自由時間となった。せっかくの自由時間をホテルの中で過ごすのはもったいないので散歩に出かけた。表に出るとリクシャー（力車。日よけの幌がついた二人乗りの車体を自転車で引っ張る人力車）が何台も待っていた。さかんに「乗りませんか」と英語で声をかけてくる。二十年前にもここでみなでリクシャーに分乗したことを懐かしく思い出し、三十分だけ乗ってみることにした。

サールナートへ

十二時に昼食をとり、一時十分にホテルを出発。ベナレス・ヒンドゥー大学の中にあるヴィシュワナート（世界の主の意）・ヒンドゥー教寺院を三十分ほど見学したあと、サールナートに向かった。ベナレス駅から北へ約九キロ。平坦でほとんど起伏のない平原をゆくと、円形ドームのダーメークの塔と尖塔形の初転法輪寺《しょてんぼうりんじ》が見えてきた。

◈迎仏塔（チャウカンディー・ストゥーパ）

サールナートの入り口に通じる道路の左側に、五人の比丘《びく》が釈尊を迎えた場所を記念して、一五八八年に建てられたという七メートルほどの八角形のレンガ造りの迎仏塔が建っている。前回来たときには、ここで『般若心経』をよんだ記憶がよみがえった。三時、サールナートに到着。木々の緑と広々とした芝生が美しい。この遺跡の場所でひときわ高くダーメークの塔がそびえている。入り口付近には竹林精舎の場所と同様、土産物屋が激増しているのに驚いた。

◈アショーカ王の石柱

サールナートもほかの仏跡同様イスラム教徒によって破壊されたが、一九〇五年の発掘では、玄奘三蔵が記していたとおり、アショーカ王の石柱の柱頭が発見された。現在は、三つに折れた石柱が鉄柵に囲まれて保管されている。柱には出家者の戒律に関する注意事項があり、戒律を守らない出家僧は教団から追放し還俗《げんぞく》させることが詳しく書かれている。柱の一部は、後述する考古博物館に保存されている。

前田行貴氏は、「度重なる侵略とイスラム教の侵攻によって鹿野苑は無人の荒野となった。一七九四年に市場を作るために、石材とレンガを調達する目的からストゥーパ（塔）が破壊されたが、そのとき石柱の地下九メートルのところから舎利容器と仏舎利が発見された。当時はこの地が仏跡とは誰も知らず、人骨であるところからガンジス河に流された」といわれている。

石柱の東側には、玄奘三蔵のいうアショーカ王建立の石塔、ダルマラージカ＝ストゥーパ跡（法王塔）がある。釈尊がはじめて法を説かれた場所であると伝えられている。その東側には僧院の遺構が残っている。

アショーカ王の石柱

◈ダーメークの塔（ダーメーク・ストゥーパ）

僧院の遺構跡の東に、ダーメークの塔がある。高さ約三三メートル、底辺の直径約二八メートル。表面は幾何学模様や鳥や人物像が花模様の中に彫刻されている。中心部はレンガで、中は空洞になっている。釈尊が「五十六億七千万年後の未来に弥勒が現れてここで仏になるのだ」といわれたのを記念して、建てられたものである。「龍華三会《りゅうげさんね》」（註1）と呼ばれ、弥勒菩薩が竜華樹の下でさとりをひらいて、三回説法されるという。

親鸞聖人は、念仏者は弥勒菩薩と同じ、たいへん広大なご利益《りやく》

ダーメークの塔

をいただくといわれている。このことばもこの塔の下で味わうと、釈尊・親鸞聖人が私のために説法してくださっている思いにかられ、ありがたい。聖地に足を運ぶことは、こうしたところに意味がある。

◈初転法輪寺（ムーラガンダクティ・ヴィハーラ）

ダーメークの塔の東側に、初転法輪寺がある。スリランカの高僧ダルマパーラが設立した大菩提会（マハーボディソサエティ）によって、一九三一年に建てられた。

中に入ると、正面には石で作られた黄金色の初転法輪（註2）の釈尊像がまつられ、祭壇の下には仏舎利が安置されている。三面の壁面には釈尊の一生が描かれている。ダルマパーラの依頼で、野生司香雪《のうすこうせつ》画伯（一八八五〜一九七三）が描かれたものである。なかでも、人間の指を千本集めようとした殺人鬼アングリマーラ（一四三頁参照）が釈尊に救われる場面の絵が印象的だった。

◈鹿公園

鹿野苑の名称の由来になった鹿は、公園の奥、北側に金網で保護されている。東大寺の前に造られた奈良公園が放し飼いの鹿の公園となっているのは、一説ではこの鹿野苑をモデルにしたものという。

四時二十五分、サールナートを出発。金曜日の夕方のせいか市内の道が混み、ホテルに着いたのは五時二十分だった。

親睦夕食会

旅行五日目にしてはじめて、全員そろってゆっくりと食事をすることができた。数人の女性は、土産物屋で買ったサリーを着て出席。インド舞踊を見、インド音楽を聴いた後、全員の自己紹介があった。

私は、「二十年前に中村先生とインド・パキスタン旅行をしたときは、パトナ→ナーランダー→王舎城→ブッダガヤー→鹿野苑と仏跡を巡り、今日までの行程と同じでした。ベナレスでの宿泊もこの「ホテル・クラークス」でした。一九九九年十月十日に中村先生はご往生されましたが、還相《げんそう》回向《えこう》（浄土に往生した者が、菩薩の相をとり再び穢土に還り来て、衆生を済度するはたらきを阿弥陀如来から与えられること）として、いまでも生き生きと私に働きかけてくださっている思いです。そのまた二十年前に、父の櫻井鎔俊がネパールで開かれた第四回世界仏教徒会議のレセプションの席で中村先生と同席になり、会議のあと今回と同じ仏跡を参拝したことを思うと感慨深いものがありました」と感想を話した。

インドエステ体験

食後は、ホテルで休養をとる人が多かったが、十人ほどの若い人たちは、古代インドの医学書であるアーユルヴェーダにもとづいて発展したインドエステ体験をするために車に分乗して出かけた。「アカシャ・アーユルヴェーダ」という名の、ココナッツオイルを使うオイルマッサージの店である。ボディは八五〇ルピー（二二九五円）、ボディとフェイスは二二〇〇ルピー（五九四〇円）。日本人向けの特別価格ではないのかと耳を疑った。オイルでベタベタになり、服についた臭いが帰国後もとれなかった。インドでは、エステティックの技術者は国家資格制度になっているという。日本のエステはまじめなものからいかがわしいものまで入り交じっていてトラブルが絶えないから、そろそろインドに見習って国家資格制度にすべきではないだろうか。この日は朝と夜が自由時間だったので、久しぶりにゆったりとした時間を過ごした。

ガンジス河の沐浴

聖なるガンジス河の沐浴

世界最古の都市のひとつ、ベナレス。バラモン教の歴史とともに、三千年以上の歴史を持ち、ヒンドゥー教七大聖地の第一である。見所は、ガンガー（ガンジス河）とその岸辺にある六十あまりのガートだ。ガートとは、岸辺から階段になって河水《かすい》に没している堤のことで、沐浴する場所として使われているが、同時にヒンドゥー教徒の火葬場がある。

朝五時二十分、ホテルのロビーに集合。まだ暗闇の中を、バスは旧市街にあるガートに向かった。ガートの近くの大通りでバスを降り、五〇〇メートルほど歩く。バザールの狭い路地に並んだ小店の間を通ってガートに出た。路地はゴミだらけで異臭がただよっていた。

階段状になったガートを降り、乗船場へ。船に乗る前に、まわりに花弁を敷き中央にロウソクを立てた手のひらサイズの皿を、売り子の女性から受け取った。代金はツアーでまとめて払ってあるらしい。全員が船に乗って河の中ほどまでいき、沐浴する人の少ないところでロウソクを流した。聖なる河に花を供える儀式である。

岸辺では、バラモンが沐浴に来た人たちに説法していた。ヒンドゥー教では、ガンジス河の聖なる水で沐浴すればすべての罪は浄められる。ここで死に遺骨・遺灰がガンジス河に流されれば、シヴァ神の髪のしずくと一体となる。それがヒンドゥー教徒にとって最高の幸福なのだという。そのため、人口約三百万人のベナレスの地に、年間百万人をこえる巡礼者が訪れるのだ。船から見ると、ガートでの沐浴の様子がよくわかる。男性はパンツ姿、女性はサリーのまま水に入っている。河に浸る人、水を両手ですくって捧げて祈る人、口をすすぎ歯を磨く人、水に顔をつけて洗い、ご来光を待って合掌礼拝する人。

空がだんだん白んできた。少し下流に向かうと、一日中煙が上がっている火葬場の「マニカルニカー・ガート」がある。遺体は、積み上げられた薪《たきぎ》の上に安置され、三時間かけて火葬され、遺灰はすべて河に流される。幼児は火葬せず遺体が浮かばないように石をくくりつけて沈めるが、ぷかぷか浮いて流れているのを見かけることもあるという。火葬場の写真撮影は厳禁。見張り人もいてトラブルになるので要注意である。船からガートを見ると、沐浴風景と火葬風景が一枚の絵のように見えてくる。インドならではの光景だ。富める者も貧しい者も、社会的差別はありながら、精神的には差別のない世界に共に生きている感じがする。

火葬場を過ぎて船はUターン。太陽が昇ってきた。聖なるガンジス河で見るご来光。船はそのまま四〇〇メートルほど離れた対岸に着き、砂地に降りた。町のある側は堤防を築き、反対側は増水のときに川幅が広がってもよいように自然のままになっている。ふたたび乗船。川岸では、洗濯屋が洗濯物をたたいて干している姿も見られる。ガンジス河の水はかなり汚染されていて酸素が少なく、大腸菌は沐浴するのに安全な数値の三千倍もいるという。ガンジス河と沐浴風景。二十年前に見た光景と少しも変わらなかった。河を渡り、もとの船着き場に戻った。

またごみごみとした路地を通り、ヴィシュナワート寺院を見学。シヴァ神信仰の中心地として、巡礼者はかならず参拝するところである。ベナレス大学内の寺院と同名で、金箔に覆われているのでゴールデン・テンプル（黄金寺院）とも呼ばれている。中にはヒンドゥー教徒しか入れない。そこからバスまでは少し距離があるので、全員がベナレス名物リクシャーに分乗して移動。

◈考古博物館

八時に朝食。九時十五分にホテル出発。サールナートの土産店に二十分ほど立ち寄り、獅子吼像《ししく》のある考古博物館を十時五分から四十五分間見学した。

玄関を入ると正面に、四方を向いた四頭の獅子の像がある。アショーカ王の石柱の上にあったものだ。台座には法輪が四方に刻まれ、釈尊が初めて法（法輪）を説かれた（転）所であることを示している。この像は、インドが独立したときに国の象徴とされ、紙幣や国旗に使われている。

百獣の王ライオンが吠えるすがた「獅子吼」は、釈尊の説法の姿を表現している。櫻井和上が、『無量寿経』にある「つねに大衆《だいしゅ》のなかにして説法獅子吼せん」という言葉を解釈して、「われわれの口から念仏が出てくるということは、仏さまが大衆の中に説法しなさる末世的な表現なんです」（『教行信証を読む』）といわれた言葉を思い出す。念仏の働きをこれほど端的に味わい示されていることに、獅子吼像をみてあらためて感動した。

鹿野苑の由来

鹿野苑の名前の由来は。「鹿王本生譚《ほんしょうたん》」として『大唐西域記』に書かれている。

昔、大きな林のなかに千頭余りの鹿が二つの群れに分かれていた。国王はこの鹿の住む山や野で狩猟をしていた。

鹿の王は国王の前に進み出て、「大王さまは狩猟をなされ火をつけ矢をとばされます。私たちの仲間はみな命が今日にも尽きてしまいますし、いくにちもたたないうちに腐ってお膳にでるものがなくなるでしょう。どうか一日に一匹の鹿ということでお願いします。そうすれば大王さまには新鮮な料理の膳があげられ、私たちは朝に夕べにと迫った命を延ばすことができましょう」と言った。国王はその言葉を受け入れ、狩りを中止して引き返した。以後、二つの群れでは、交代に一匹ずつ鹿をとどけた。

あるとき、ダイバという鹿の王の群れのなかに懐妊している鹿がおり、順番がまわってきた。その鹿は、「私の身体は死ぬべき順番ではありますが、おなかの子は順番には当たっておりません」と申しあげた。ダイバ鹿の王は「代わる鹿などいない」と、腹を立てた。それでもう一つの群れのボサツの鹿の王に話した。鹿の王は、「何と悲しいことか。母心というものは、まだ生まれていない子にまでもおよぶとは。おれが、おまえに代わろう」と言い、そのまま宮殿の門のところに行った。

道行く人はそれぞれに大きな声で、「あの大きな鹿の王さまが今こちらの町に入ってくる」と叫んだ。都に住む人は走り寄ってきて、その光景を見ない者はなかった。王はそのことを耳にするや嘘ではないかと思ったが、鹿の王はすぐやってきた。

国王は、「鹿の王よ、どうして突然来たのか」と問うた。鹿の王は、「めす鹿が死ぬ番になりましたが、お腹の子はまだ産まれていません。可哀そうなことだと思い、わが身で代わる決心をしました」と言った。王はこの言葉を聞き感嘆した。「おれは人間でありながら鹿の心もわからず悪かった。おまえは鹿の身でありながら人間以上のすばらしい心をもっている」と言った。

そこで鹿をみなとき放ち、二度と鹿の命を奪うようなことをしなくなった。ただちに鹿たちのいる林を雑草・雑木の林にした。それで「施鹿林《せろくりん》」と名づけられ、鹿の集まるところという「鹿《ろく》野《や》苑」の名はここから始まったのである。

（筆者訳）

クシーナガルへ

さて、ここから仏跡参拝の後半になる。二十年前にも行ったことのない、釈尊涅槃の地クシーナガル、誕生の地ルンビニー、居城のあったカピラ城、布教基地ともいえる祇園精舎に参拝する。サールナートからクシーナガルまで二六三キロ。バスは一般道をひた走る。途中、「モーテル・タターガート」で昼食。タターガタとは「如来」(註3)という意味である。旅行以前から知友の石上和敬《いわがみかずのり》師と同じテーブルになったので、「タターガタ」の話をしながら昼食をとった。ガイドのポールさんにも尋ねると、語尾のアが落ちたもので意味は同じだという。さすがに釈尊が活躍された地にある名前だ。

バスは国道二十九号線を二〇〇キロほど北上し、ゴラクプルから二十八号線を東へ六〇キロほど走った。これまで通ってきたインドの中でも、とくに貧しいビハール州と違い、ウッタルプラデシュ州は道路も整備されている。途中珍しく渋滞していると思ったら、二頭の大きな象が国道を歩いていた。祭りの出し物に出た帰りだという。車窓からみる景色はのどかな田園風景や森や湖などで、日本的な空気が感じられる。クシーナガルに近づくと、沙羅樹林が目立って多くなってきた。夜七時、ホテルに到着。

釈尊のあしあと③

三十五歳でさとりをひらかれた釈尊は、八十歳までガンジス河流域の中インド各地を周遊し、教化された。

鹿野苑後の釈尊の足取りをたどるため、ここからは中村先生が『律蔵』の記述にもとづいて書かれた文章のなかから、要約して引用させていただく。

鹿野苑から王舎城、カピラ城へ。 梵天から説法をするように勧められた釈尊は、以前教えを受けたウッダカ・ラーマプッタとアーラーラ・カーラーマ仙人にこの真理を説こうと思った。しかし、ウッダカは七日前に、アーラーラは前日に亡くなっていた。七日前とか前日というのは「間に合わなかった」という意味だろう。

次に思い立ったのが、セーナー村の苦行林で一緒に修行した五人の出家者たちのことである。彼らは釈尊がスジャーターから乳糜《にゅうび》の供養を受ける姿を見て修行を放棄して堕落したと思い、セーナー村を去っていた。釈尊は天眼をもって彼らがベナレスに行ったことを知り、縁の深いその五人を最初に法を伝える人として選び、ブッダガヤーからベナレスに向かわれた。

ベナレスに向かわれた釈尊は、途中「六師外道」のひとつアージーヴィカ教徒(註4)のウパカに出会った。このとき、釈尊は異教徒を説得することに失敗している。しかし、ウパカはのちに妻をめとって一子をもうけたが、悪妻に耐えかねて釈尊に救われようと弟子となりさとりを得たという。

鹿野苑にいた五人の出家僧は、釈尊を無視しようと約束していたが、釈尊が近づいてくるとその神々しい姿に約束を忘れ釈尊を拝み迎え入れ、説法を聞いた。そこで説かれた教えは、「中道」(註5)と「四諦」(註6)、「八正道」(註7)の教えであったといわれている。

鹿野苑で旧友五人を教化した釈尊は、ベナレスで長者の子ヤサを出家させた。子を取り返しにきた父母も妻も釈尊に帰依した。ついで友人たちも次々に連れてきて、六十一人が出家したという。

それから釈尊は、苦行をしたウルヴェーラーの村へ向かった。途中、三十人の夫妻が密林で遊んでいたが、ひとりだけ妻がなかったので遊び女を雇ったところ、女はすきをみて財物をもって逃げてしまった。仲間は協力してその女を捕まえようと、密林を探していた。そこで樹木の下で坐禅をしている釈尊と出会った。「ひとりの女を見ましたか?」と釈尊に尋ねていきさつを話すと、釈尊は「婦女を尋ねることと自己を尋ねることと、きみたちはどちらが勝れていると思いますか」といわれた。仲間は「われわれは自己を尋ねるほうが勝れていると思います」と答え、釈尊から教えを受けて出家した。

ウルヴェーラー村に着いた釈尊は、三人兄弟の髪結いのバラモンとその弟子を出家させた。ウルヴェーラー村に住むカッサパ（優楼頻羅迦葉《うるびんらかしょう》）、尼連禅河のほとりに住むカッサパ（那提迦葉《なだいかしょう》）、ガヤーに住むカッサパ（伽耶迦葉《がやかしょう》）で、それぞれ、五百人、三百人、二百人の弟子を連れていた。

その後釈尊は、ガヤー国の象頭山《ぞうずせん》にしばらく留まり、千人の弟子を連れて王舎城に行った。釈尊が修行中のとき、ビンビサーラ（頻婆娑羅）王に「さとりをひらいたら王舎城に戻ってきて導いてほしい」と頼まれ約束をしていたからだった。そして釈尊に帰依したビンビサーラ王は、竹林精舎を寄進した。

王舎城では、サーリプッタ（舎利弗）とモッガラーナ（目連）が、六師外道のひとりサンジャヤの弟子二百五十人をひきつれて釈尊の弟子になった（六三頁）。ここに、先の千人と二百五十人を合わせ、千二百五十人で構成する教団ができた。これが『観無量寿経』や『阿弥陀経』のはじめに、「大比丘《だいびく》の衆千二百五十人と倶《とも》なりき」と説かれることになる。

続いて、王舎城でマハーカッサパ（摩訶迦葉《まかかしょう》）も出家した。釈尊亡き後の教団をまとめた人である。

釈尊三十七歳ごろと思われるが、故郷のカピラ城に帰り、釈迦族の人びと七十人ほどが帰依した。養母マハープラジャーパティー（摩訶波闍跋提《まかはらばつだい》）の子ナンダ（難陀《なんだ》）や釈尊の実子のラーフラ（羅睺羅《らごら》）もこのとき出家した。理髪師の子ウパーリ（優波離《うばり》）も出家した。ついには、マハープラジャーパティーも出家し、尼僧の始まりといわれている。

釈尊とほぼ同年齢といわれるコーサラ国のパセーナディ（波斯匿《はしのく》）王も帰依した。太子のジェータ（祇陀《ぎだ》）が所有する土地は、スダッタ長者が買い取り釈尊の教団に寄進して、祇園精舎といった。また、娘のヴァジラー姫はマガダ国のアジャータシャトル太子に嫁いでいる。

釈尊は五十歳ごろにも故郷のカピラ城に戻り、二十歳であった従兄弟のアーナンダ（阿難）が出家した。彼は五年後からは秘書のような役をつとめている。

晩年の釈尊は、舎衛城で教化された。王舎城でモッガラーナが悲惨な最期を遂げたのは、釈尊七十二歳のときのこと。その年、王舎城に悲劇が起こった。マガダ国の太子アジャータシャトルは、デーヴァダッタにそそのかされてビンビサーラ王を殺害。のち、後悔の念激しいとき、ジーヴァカ大臣の勧めで釈尊にあい入信した。

補註

1　龍華三会　「弥勒大士《だいじ》は等覚《とうがく》の金剛心を窮むるがゆえに、龍華三会の暁、まさに無上覚位を極むべし。念仏の衆生は横超《おうちょう》の金剛心を窮むるがゆえに、臨終の一念の夕《ゆうべ》、大般涅槃《だいはつねはん》を超証《ちょうしょう》す。ゆえに便同《べんどう》というなり。（弥勒菩薩は等覚の金剛心を得ているから、龍華三会のときに、この上ないさとりをひらくのである。念仏の衆生は他力の金剛心を得ているから、この世の命を終えて浄土に生まれ、たちまちに完全なさとりをひらく。だから、すなわち弥勒菩薩と同じ位であるというのである）（『教行信証』）

2　初転法輪　鹿野苑という場所には深い意味がある。一つには、さとりをひらかれた釈尊がおられたこと。二つには初めて釈尊が法を説かれたということ。三つには、サンガ（和合衆）ができたこと。ここに帰依し供養すべき三つの宝、仏《ぶつ》・法《ほう》・僧《そう》の「三宝」が誕生したことになる。

現在、日本でも「自ら仏に帰依したてまつる……。自ら法に帰依したてまつる……。自ら僧に帰依したてまつる……」と『六十華厳経』にでてくる「三帰依文《もん》」を読む習わしがある。「いま、仏教の信者とは、仏と教えと教団とを信ずる者をいう。仏とはさとりをひらいて、人びとを恵み救う人をいう。教えとは、その仏の説かれた教えをいう。教団とは、その教えによって正しく修行する和合の団体をいう」（『阿含経』）、「仏と教えと教団の、この三つは、三つでありながら、離れた三つではない。仏は教えに現れ、教えは教団に実現されるから、三つはそのままひとつである」（『維摩経』）。五人の修行者の帰依によって、真理を求めて修行する仲間、サンガができ、ここに「三宝」がそろった。『大唐西域記』にも、仏法の盛んな土地の人は、「三宝を敬う」という表現が多くみられる。

釈尊がはじめて教えを説かれた「初転法輪」は、たしかに五人の修行者を相手に説かれたものであるが、それはまた同時に、二千五百年後の私ひとりに「念仏の教え」を説き聞かせたいという釈尊の大慈悲ではなかっただろうか。

中村先生の遺志を継いで、現在、東方学院長をしておられる前田専學先生は、講義の中で次のように語られている。「古代インドにおいては「輪」は世界を支配する帝王の象徴であり、「転輪聖王《てんりんじょうおう》」といえば、武力を用いず、ただ正義のみによって全世界を統治する帝王の理想像です。「法輪」は最高の真理を意味し、「法輪を転ずる」というのは最高の真理を世に宣布することを意味しています。その後四十五年におよぶゴータマブッダの宗教活動がまさにここではじまったのです」。

3　**如来**　サンスクリットでターガタ（Tathāgata）。真如（tathā）の世界と人間の世界を行ったり(gata)、来たり（āgata）する意。『金剛般若経』では、如来は「従来する所も無く、また、去る所も無きが故に、如来と名づく」と空の立場で説いている。

4　**アージーヴィカ教**　決定論・運命論を説いたマッカリゴーサラ（末迦梨狗梨子《まかりくりし》）の教団。六師外道のひとつ「邪命外道」のこと。その後、ジャイナ教に吸収された。

5　**中道**　かたよらない道。二つのものの対立を離れていること。のちに、龍樹（一五〇～二五〇年ごろ）が、「八不中道」を説くように、徹底的に矛盾対立の概念を否定し尽くすところに、人間の分別を超越した「涅槃（さとり）」の境地がひらかれる。そこに導く実践・方法のこと。

釈尊は「道を修めるものとして、避けなければならない二つの偏った生活がある。そのひとつは、欲望に負けて欲にふける卑しい生活であり、その二は、いたずらに自分の心身を責めさいなむ苦行の生活である。この二つの偏った生活を離れて、心眼を拓き智慧を進めさとりに導く中道の生活がある」（『転法輪経』）と説かれている。五人の修行者たちはまだ苦行を続けていたので、この中道の教えが説かれたのだろう。

中村先生は中道も八正道も後世に四諦に結びつけられたもので、この時期にはまだまとめられていなかったといわれている。

6　四諦　四聖諦《ししょうたい》の略。諦とは真理・真実ということ。人生問題とその解決法についての四つの真理という意味。

苦諦――人生は苦であるという真理。**集諦**《じったい》――苦を招き集める原因は煩悩・妄執《もうしゅう》であるという真理。**滅諦**――苦の原因の滅という真理。無常の世を超え、執着を断つことが苦しみを滅したさとりの境地であるということ。**道諦**――さとりに導く実践という真理。苦のない理想の境地に至るためには、八正道《はっしょうどう》の正しい修行方法によるべきであるということ。

この「四諦」の教えは、仏教の根本の教えといわれるものである。最初に出家修行者に説かれたものだが、先の梵天勧請にみられるように民衆が理解するには難しいと思われた釈尊は、晩年に「雪山《せっせん》童子の物語」として『涅槃経』に説かれたのではないかと、私は考えている。「雪山《せっせん》偈《げ》（註8）」の上《かみ》の二句「諸行無常、是生滅法《ぜしょうめっぽう》」は苦諦・集諦を、下《しも》の二句「生滅滅已《しょうめつめつい》、寂滅為楽《じゃくめついらく》」は滅諦・道諦とぴったり当てはまるように思う。

7　八正道　「四諦」という真理を説かれた釈尊は、次にその実践法として「八正道」を説かれた。さとりに至るための八つの実践法である。これが先の「中道の生活」（的を射た適正な生き方）であると、釈尊はいわれる。

正見――正しい見解。**正思惟**――正しい思い。**正語**――正しい言葉。**正業**《しょうごう》――正しい行為。**正命**《しょうみょう》――正しい生活。**正精進**――正しい努力。**正念**――正しい気づかい。**正定**《しょうじょう》――正しい精神統一。

◆八正道と念仏　ブッダガヤーの「十二縁起」（八二頁）でも触れたが、八正道の実践は聖者にはふさわしいが、われわれ凡夫には不可能な道なので、のちにラージギールで釈尊はヴァイデーヒー（韋提希）夫人に「念仏による救い」を教えられた。

櫻井和上は、「念仏の中に八正道が含まれている」根拠を、経典の上で示されている。

「『無量寿経』の中に、阿弥陀仏が四十八願を立て、これを実践にうつして八正道を行ぜられたことが、修行の段にありありと説かれている。そして、その行徳を『み名』の中に封じて生きとし生けるものの共《ぐ》遍《へん》普同の徳としてあるから、これを称えるところに、たちどころに無明を破る意味があると親鸞聖人は気づかれて、八正道は行ぜずして行じたことになると解されたのであります。それで『教行信証』の行巻に「み名を称するに衆生一切の無明を破し、衆生一切の志願をみてたもう」と、金玉のような解釈が生まれたのであります」。『浄土のすくい』（法藏館）にも詳しく書かれてある。

八正道を行じて到達する「道諦」は苦のない理想の境地であるといわれるように、念仏により無明を破られた境地は「雪山偈」（註8）にいう「楽しみとなす」生活といえる。『教行信証』にある「法楽」「大楽」「無楽」などは、そうした境地をいわれたものだろう。

8　雪山偈《せっせんげ》

天界の神々が相談をして、帝釈天が、ヒマラヤ山で修行をしている雪山童子（青年）の求道の心をためすことになった。下界に降りた帝釈天は羅刹《らせつ》という人食い鬼に変身し、谷間で「諸行無常、是生滅法」と二句の詩（偈）を唱えた。それを遠くで聞いた童子は、声の主を探して羅刹の前に行き、「続きの句があるはず。残りの二句を聞かせてください」と懇願したが、羅刹は空腹で教えられないと断った。しかも羅刹は人肉しか食わないという。そこで童子は教えてくれれば代わりに自分の血と肉を与える約束をした。次に「生滅滅已、寂滅為楽」というさとりの言葉を聞いた童子は、歓喜のあまりのちの世に伝えるため、木や石にその言葉を刻んだ。そして、羅刹の前に身を差し出した。さらに「修行を積んだ徳のある人間の肉は食べられない」と羅刹がいうと、童子は身をささげようと木の上から飛び降りた。童子の固い求道の心に感じ、羅刹は元の帝釈天の姿となり、童子を空中に受けとめた。ほどなく地上におろすと、天の神々はその童子の徳を誉めたたえた。

前の二句は、「万物は常に変化してやまない」という真理をいい、後の二句は「有限の世界を超越して、変化の次元とは別に不変化の世界を見いだして、これを楽しみとしなければならない」という意味。

　聖徳太子は、この「雪山偈」こそ仏教の最高の真理とし、法隆寺の「玉虫厨子」にその物語を描かせ後世に残した。また櫻井和上は、四十七文字のひらかなのうた「いろは歌[註9]」は、この偈をやさしく読み解いた歌であると味わい、『赤い椿』という童謡を作られた。

9　**いろは歌**　色は匂へど散りぬるを　我が世誰ぞ常ならむ　有為の奥山今日越えて　浅き夢見じ酔ひもせず。（花はきれいに咲き誇っていてもやがて散ってゆくように、世の中も自分の心や体も常に変化している。だから、有限の世界を今の一瞬に超越し、無限に結びつく転換をはからねばならない。浅はかな夢をみていないように、心に酔いしれていないように）

5 クシーナガル〜涅槃の地

旅行ガイド

クシーナガル（註1）は高原で、「涅槃堂」「荼毘塔」「最後の説法地」があります。釈尊最後の説法は、どのような言葉だったのでしょうか。

旅日記　六日目・七日目

クシーナガルの夜

ウッタルプラデーシュ州にあるクシーナガルの人口は一万二千人。緑豊かなのどかな町で、大きな町の無秩序な雰囲気とは違い、心身ともに休まる町である。宿泊したロータス・ニッコー・ホテルは田舎町のホテルらしく、広い敷地に平屋や二階建て。部屋は広々としていて飾り気はなく、ぽつんとベッドが置かれていた。このホテルの従業員教育は大変よく行き届いていて、その対応からはもてなしの心が伝わってきた。

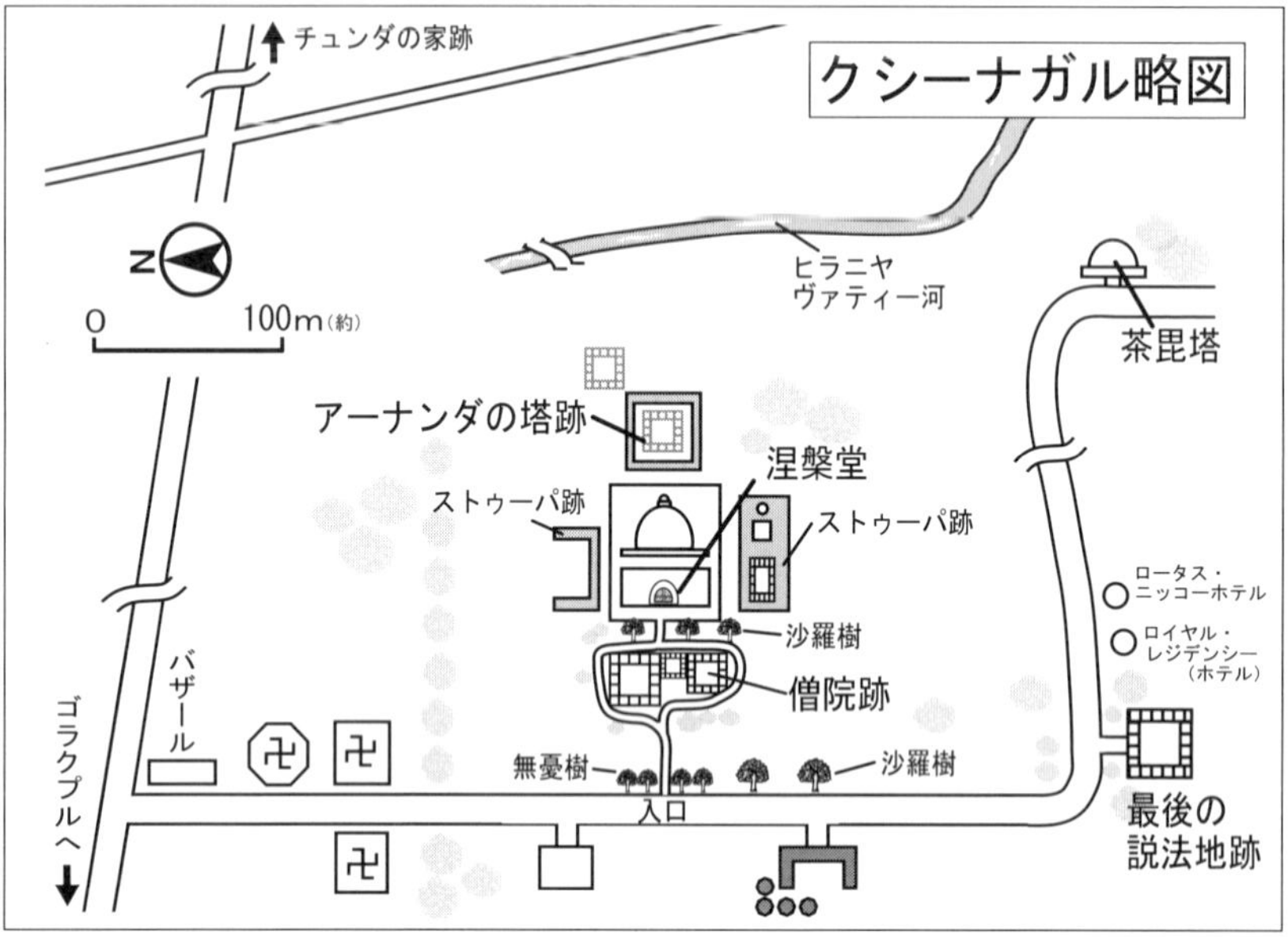

食後の腹ごなしにと、大谷光淳師と白川団長ほか総勢五人でライトアップされている近くのタイ寺院まで出かけてみた。道は真っ暗。寺院の前までくると、ようやく数件の店が電気をつけていた。現地の人らしい男性が工事中の寺院のなかを案内してくれた。もう間もなく完成だという。連日の過密スケジュールから解放された安堵感と夕食に飲んだビールのせいか、愉快な会話が続き、さらに案内の男性が大変調子のいいおじさんだったので、笑いっぱなしの散歩となった。

◈涅槃堂（マハーパリ・ニルヴァーナ）

七時朝食、七時半出発。ホテルから数分でバスは「涅槃堂」（大涅槃寺ともいう）に到着。入口の前で、普通の服装をした少年たちが菩提樹の実を差し出して、買ってくれという。そのビハール州では大人も子どもも裸同然の格好で、あちこちでお金を乞われたのに比べて、この地方は豊かなのだと感じられた。

門を入ると、庭園が広がっていた。参拝用の小道を行くと脇には精舎跡がいくつもあった。その横を通ってしばらく歩くと涅槃堂に着いた。お堂は大理石造りのドーム型。前には青々と葉を茂らせた二本の沙羅樹がある。竹林精舎と同様、ここでも前田行貴氏が仏滅二千五百年を記念して植樹したものが根付いたのだという。おかげで涅槃の地らしい風情が残されている。

葉が馬の耳に似ている沙羅の木とは異なるが、細長く周りがギザギザになっている無憂樹（ギザギザがないのは有憂樹）もたくさんあった。ともに聖木として大切にされている。無憂樹は無憂華《むゆうげ》とも呼ばれ、憂いや悲しみがないという意味で、日本ではアソカというが現地ではアショーカと呼ばれている。二十年前は無憂樹の木がたくさんあったが、かなり少なくなったとガイドのポールさんは残念がっていた。

お堂の中に入ると、オレンジ色の衣に覆われた六メートルもの巨大な涅槃像が目に飛び込む。前田行貴氏は、この涅槃像は一八七六年にアレキサンダー・カニンガムによって近くに流れるヒラニヤヴァティー河の河床から発掘されたもので、台座の刻文によると五世紀のグプタ王朝時代に作られたものらしい。仏滅二千五百年大祭のとき、ビルマ人たちによって黄金色に塗られたのだという。涅槃像の台座の中央には、バラモンで最後の弟子となったスバッタの後ろ姿、足下には悲しみに満ちたアーナンダの像が彫られ、枕の下のほうには謝罪しているチュンダのレリーフがある。この堂

涅槃堂

荼毘塔

は、一九二七年にビルマの仏教徒によって建立され、二千五百年大祭の折にインド政府が改修したものだという。

◈アーナンダの塔

涅槃堂の裏には、ビルマ人たちによって建てられた塔がある。王舎城から釈尊とともに旅をした「アーナンダ（阿難）の塔」である。

◈荼毘塔（ラーマバール・ストゥーパ）

涅槃堂から一・七キロ離れたところにレンガを積んだ塔がある。基壇の直径は四六メートル、高さ一五メートル。釈尊の遺体を火葬したところである。塔の上には上がらなかったが、盗掘の跡がはなはだしいという。

◈最後の説法地

今回の旅行では残念ながら訪れることはかなわなかったが、涅槃堂から二〇〇メートルほど離れたところ、車道から少し下がったところに、釈尊が最後に説法をされた跡がある。（註2）

最後の説法地

最後の言葉

バスはいったんホテルに戻り、九時四十分、ルンビニー園のあるネパールに向かった、クシーナガルを去るバスの車内で、中村先生が翻訳された『ブッダ最後の旅』（岩波文庫）にある「臨終のことば」を読んだ。「（前略）そこで尊師は修行僧たちに告げた。さあ、修行僧たちよ。お前たちに告げよう。もろもろの事象は過ぎ去るものである。怠ることなく修行を完成しなさい、と。これが修行をつづけてきた者の最後の言葉であった」。

ルンビニーへ

クシーナガルからルンビニーまでは一六三キロ。バスはゴラクプルまで西へ五二キロ行き、そこからネパールに向けて北上した。国境までは八五キロほどあるという。途中、大きな湖の側を通り、しばらく行くと広大な田園風景が見えてきた。菜の花と見間違えるような黄色い芥子菜《からしな》の花が目を楽しませてくれた。二月は乾期なので穀物類が植えられているが、雨期には水田になるのだという。釈尊の父「浄飯王《じょうぼんのう》（浄い米飯＝白米のご飯の意）」の名前が示すように、このあたりが当時から水田地帯で、米作が行われていたのだろうと想像できる風景だった。

インド側の国境の町スナウリーで出国手続きをすませ、ネパール側の町ベーリヤに入った。国境をこえて往来する人は驚くほど多い。一九五一年にネパールがインドから独立するまでは同じ国だったから、この二つの町の町民に限って、パスポートなしで自由に行き来ができるそうだ。ネパール人は日本人に似た顔立ちをしているので、あまり異国にいるという感じがしなかった。国境を通過するのに二時間ほどかかった。このまま北に直進するとヒマラヤ登山の基地として有名なポカラに行くが、バスは四キロほど北上してバーイラーワで左折し、二〇キロ先のルンビニーへ向かった。

補註

1　**クシーナガル**　「クシナガラ」は、学者が勝手に作った言葉。現地ではクシーナガルと発音し、公けの表記になっている。

2　**最後の説法地跡**　白川団長が二〇〇四年に現地を訪れたときには、釈尊像をまつる小さい堂があり、その前に精舎跡の基礎が残されていたという。

6 ルンビニー
～生誕の地

旅行ガイド

ルンビニー園はネパールにあり、二〇〇五年に整備が完了しました。(註1)「マーヤー堂」で誕生仏にお参りし、「釈尊がつかった産湯」「アショーカ王の石柱」を見学しましょう。釈尊の誕生地を訪れ、釈尊が誕生された意味を味わってみましょう。

旅日記　七日目

ルンビニーの法華ホテルに現地時間の二時半に到着。ネパールとインドの時差は一時間あり、クシーナガルを朝九時四十分に出発したので、約四時間かかったことになる。まず食堂で昼食をとった。まぜご飯、味噌汁、春雨サラダ、冷麦、お新香、ミカンの和食だった。

食後、部屋で小休止。同室のＩさんから、「体調不良でホテルに残るので、ルンビニー園の様子をビデオカメラにおさめてきて欲しい」と頼まれた。ビデオカメラと園内持ち込み料を渡されたが、一〇ドルというビデオの持ち込み料の高さに驚いた。

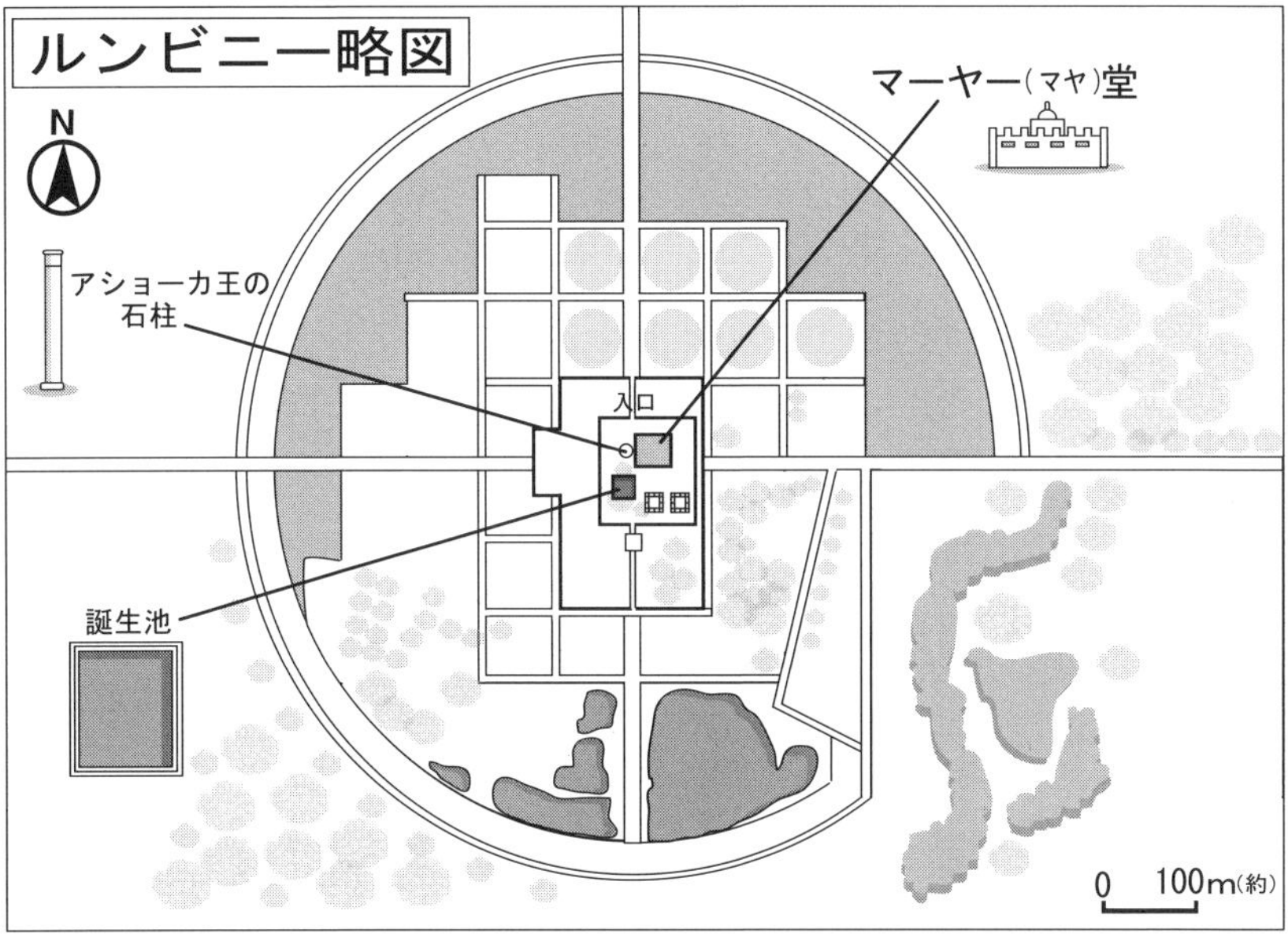

ホテルからルンビニー園の入り口まで二・七キロメートル。三時半にバスはルンビニー園へ向かって出発し、十分ほどで到着した。このときの駐車場は園の入り口から少し離れたところにあり、仮駐車場のようだった。後日、この場所には大きな池が作られ、駐車場は約五〇〇メートル離れたルンビニガーデンホテルに移されたそうだ。

入り口の門を入ると、右側に二階建ての休憩所、事務所がある。お堂や、石柱・樹木に張り巡らせた色とりどりの旗のような布が目に飛び込んできた。私たちが訪れたときには園内全体がまだ工事中だった。

◈マーヤー堂

マーヤー堂（マヤ堂ともいう）もまだ工事中で、マーヤー（神の不思議な霊力の意）夫人や誕生仏

と思われる本尊は布で覆われ、中央に安置してあった。(註2)

◈アショーカ王の石柱

マーヤー堂の隣に、ルンビニーを仏跡と決定づけた「アショーカ王の石柱」が鉄の柵で囲まれて建っている。一八九六年、考古学者のフューラーが、半分が土に埋もれていた石柱を発見したという。高さ約七・二メートルの石柱には、古代文字のブラーフミー文字で釈尊誕生の地なので税金を免除することが書かれている。「神々に愛せられ温容ある王（アショーカ王）は、即位灌頂《かんじょう》（インドで国王即位の時、頭頂に水をそそぐ儀式）ののち二十年を経て、みずからここに来て親しく参拝した。ここで仏陀・釈迦牟尼《むに》が生誕せられたからである。それで石柵をつくり、石柱を建てさせた。ここで世尊（釈尊）が生誕せられた（のを記念するためである）。ルンビニー村は税金を免除せられ、また（生産の）八分の一のみを払うものとする」。

また、石柱が中ほどから折れて倒れているのは落雷のためである。玄奘三蔵は、「上に馬の像が作ってある。無憂王（アショーカ王）が建てたものである。後に悪龍の雷鳴でその柱は中ほどから折れ地に倒れた」と記録している。

◈誕生池

釈尊が誕生されたとき、産湯をつかわれたという池が、マーヤー堂の前にある。一九三一年に発掘されたものである。ルンビニー園で誕生された釈尊は、生まれてすぐ七歩(註3)歩いて右手人差指を天に向け、左手人差指を地に向けて、「天上天下唯我独尊(註4)」と宣言されたという。三九九年にインドを訪れた法顕三蔵は、「夫人は池に入って洗浴し、池を出て北岸を歩むこと二十歩、手をあげて樹枝をつかみ、東向して太子を生んだ」と記している。池の横には大きな菩提樹が茂っている。

マーヤー堂で『重誓偈《じゅうせいげ》』を唱え、記念撮影をすませたあとは自由に見学。アショーカ王の石柱、誕生池を見学し、集合時間まで時間があったので園内を散歩した。ちょうど夕日が沈むところで、

新マーヤー堂（白川淳敬氏撮影）

誕生池

ホテルの食事

あちこちでカメラのシャッター音が響いていた。

カピラ城へ

六時にホテルに戻った。土産物コーナーをのぞくと興味を引くものがあった。菩提樹の一木造りの「釈迦涅槃像」や、釈尊の一生を八つの場面に分けて彫った「八相成道図」などである。「涅槃像」に、今朝クシーナガルを離れるときに車中で読んだ「釈尊臨終のことば」を添えれば、きっとこの像を見る人に深い感銘をあたえるに違いないと思い、高価だったので悩んだが、記念にと思い切って購入した。

たいていのホテルは二人部屋だったが、このホテルは日本の法華クラブが建てたもので、畳敷きの和室で四人部屋。夕食は、天ぷらの盛り合わせ、茶碗蒸し、切り身の煮魚などの和食。ホテル内に銭湯のような広さの共同浴場があって、疲れがたまってきたころだけに、大きな浴槽での入浴は心身をリラックスさせてくれた。

翌朝五時半起床。昨晩から熱っぽく腹痛気味だったが、早く寝たお陰か体調は回復した。高原らしく朝霧につつまれたホテルの庭を散歩した。太陽が昇りそうだったので、しばらくシャッターチャンスを待った。

朝食は、豆腐、卵焼き、お粥などで、病み上がりだけに体にやさしい食事はうれしかった。バスは七時半に出発の予定だったが、大谷光淳師が高熱をだされ、二〇〇キロ近い距離をバスで移動するのは無理ではないかとの首脳陣の協議の結果、大谷光淳師と随行員の石上和敬師がホテルに残り、体調の回復をまってあとからタクシーで追うことになった。

再び国境通過。入国時と人数が二人合わないので、出国手続きに約一時間かかった。予定では祇園精舎の近くのバルランプルのホテルにまっすぐ向かうことになっていたが、途中で「カピラ城」に立ち寄ることになった。

補註

1　**ルンビニ復興事業**　「ルンビニ園復興事業完了」の記事が、二〇〇五年六月七日『東京新聞』の夕刊に掲載されていた。「ルンビニーは、近年まで荒廃していたが、一九六七年、ビルマのウ・タント国連事務総長（当時）の提唱で復興事業が開始され、国連の依頼でマスタープランが制作された。八〇年に「ルンビニ復興委員会」が発足。九二年から発掘調査が始まり、九五年に終了。四半世紀にわたる事業が完了したのは二〇〇五年のことである。この調査で堂の中心部の基壇から釈尊の生誕地をしめる印石（マーカーストーン）が発見された。紀元前三世紀ごろのものと推定され、アショーカ王の石柱と時代的に一致すると報告している」。（要旨）

2　**新マーヤー堂**は、二〇〇三年五月に竣工した。白川団長の二〇〇四年のレポートによれば、旧マーヤー堂は「寺」だったが、新マーヤー堂は「史跡資料館」といった感じだという。堂内には回廊が巡らされ、釈尊の生誕地を示す「マーカーストーン（印石）」や誕生仏が安置されているという。

3　**七歩**　七歩歩かれた説について、当時のインドのタライ地方では、産湯に続いて、足を持って七歩東西南北に歩くまねを赤ん坊にさせていたという説もある（水野弘元説）。

4　**天上天下唯我独尊**　「誕生偈」ともいう。『大唐西域記』『仏本行集経』『過去現在因果経』には、「これまでの生死は尽きて仏道を成し遂げる意味」とされている。

中村先生は、「過去世にヴィパッシン仏（毘婆尸仏。過去七仏のひとり）が誕生したときに、『われは世界の首位者である。これは最後の生存である。もはやふたたび生存に入ることはない』という詩句を唱えたという伝説が成立した。のちに『天上天下唯我独尊』という句が成立したのは、ここに由来する」との見解である。

櫻井和上は、「六歩は六道輪廻を意味し、その迷いの世界から一歩進んで七歩歩かれたというのは解脱《げだつ》（さとり）を意味する。……誕生偈は、将来自分は一番尊い仏になるのだという、三十五歳で仏になられる、その自覚内容である。……『独り尊し』と言われたのは、この肉体や精神を超えてより高い価値をさとられた仏であり、それを知らせてくださる方であるから尊いのであります。……われわれも釈尊のように六道の巷《ちまた》（世間）―霊肉の闘争を超えて、七歩歩まねばなりません。親鸞聖人は『念仏一道』に七歩、歩まれたのであります」、「私たちはどれほど努力しても、地獄・餓鬼・畜生・阿修羅・人間・天という六つの迷いの世界で、生まれかわり死にかわりを限りなく続けるしかない。他力のはたらきである念仏によってしか、この迷いの繰り返しを脱出する手段はほかにはない」と、親鸞聖人は釈尊の教えを受けて、念仏の道を歩まれたといわれる。

◆ルンビニーと真々園　一九五二年（昭和二十七年）、第二回世界仏教徒会議に出席のため来日されたネパール国主席代表のアムリタナンダ師の「真宗の盛んな北陸を見学したい」との希望に沿って、金沢市の高森隆介氏は、全日本仏教会会長の小谷徳水師の紹介を受け、当時東大生であった坂東性純《しょうじゅん》先生を通訳として櫻井和上に案内を依頼された。それが縁で櫻井和上は、一九五六年にネパールで開催された第四回世界仏教徒会議にネパール政府の特別要請を受けて出席されることになった。

ルンビニー園復興に尽力されていたアムリタナンダ師は、一九七八年に真々園を訪問された際、「ルンビニー園の土で作られた誕生仏」のレリーフをお土産として持参された。現在でも真々園の花祭りの日に、参加者に拝んでいただいている。

7 カピラ城
～太子時代の住まい

旅行ガイド

カピラ城は、釈尊が二十九歳で出家するまで住まわれたところです。その場所はネパール説とインド説があります。詳細はあとに譲りますが、できれば二か所とも訪れるといいでしょう。どちらも交通の不便なところにありますが、時間のない場合でも一か所だけでも訪れたいものです。

青年時代の釈尊はこの地で何を悩まれたのでしょうか。

旅日記　八日目

ネパールとの国境を通過後、前日にゴラクプルから来た道を戻り、途中、ビルドプルから脇道に入ってピプラーワーのカピラ城に着いたのは午前十時四十五分。十一時まで見学した。

周囲は平坦な田園で、遠くには林が点在している。遺跡にはレンガが積み重ねてあり、大塔が中心にある。その周りは広い中庭に面して個室が並ぶ僧院建築の配置になっていて、ここが僧院の遺構であることが想像できる。

カピラ城はネパールかインドか？…

アショーカ王の石柱の発見でルンビニーが仏跡と確定され仏跡地のほとんどが判明したが、カピラ城はいまだに決定しておらず、ネパール説とインド説の二つがある。

従来、カピラ城はルンビニーから三二キロほど離れたネパールの「ティラウラコット」にあったといわれていた。現在、ルンビニー県カピラヴァストゥ郡のなかにティラウラコットがあり、壮大な遺跡が残されている。一九六七年に立正大学が発掘調査を行い報告している（註1）。

いっぽうルンビニーから二九キロほど離れたインドの「ピプラーワー」説だが、前田専學先生は、「一八九八年、イギリス人のペッペが発掘したところ、遺骨を納めた凍石製の舎利壺が発見された。その蓋にはブラーフミー文字で、ゴータマ・ブッダの遺骨ならびにその一族の遺骨である旨が書かれてある。学者の間で意見の相違が若干あるが、釈尊にゆかりのある遺骨であることは疑いない」（『ブッダを語る』）といわれている。この遺骨がタイの王室に譲り渡され、その一部が日本の仏教徒に分与され、現在、名古屋市の日泰寺《にったいじ》に納められていることはよく知られている。

その後一九七六年に、インド考古学局は六年間の発掘調査の結果、ピプラーワーこそカピラ城であると発表した。僧院跡と推定される遺構から出土した容器の蓋に「この僧院は神の子カニシカ王がカピラ城の僧団のために建てた」という文が刻まれているからだという。カニシカ王は二世紀ごろの人である。

この報告を聞いて、ネパール政府の考古学者たちは激怒し反発したという。決定的な証拠が見つからないため、学問上はまだ解決されていない。ネパール、インドとも、カピラ城は重要な観光資源になるので、お互いが主張しているのが現状だ。

ガイドのポールさんが、興味深い説を披露してくれた。「ティラウラコットはカピラ城の宮殿跡、ピプラワーは僧院跡で、どちらもカピラ城だと私は考えています。なぜなら、インドの築城法では川の近くに宮殿を造りますが、この近くには川がないからです」という見解であった。さすがに学者を案内して何度も仏跡を歩いた人らしい説だと思った。私もこの説に賛成する。

カピラ城私考

カピラ城の位置に関するいくつかの資料を紹介しよう。

カピラ城址

・種々の文献から見て、釈迦族の勢力範囲は、東はローヒニー河（現在のコーハーナ河）、西は首都カピラ城の西側、北はヒマラヤ山脈、南はアノーマ河（現在のラフティ河）に囲まれた細長い一帯であったろうと推定される。——佐藤良純『ブッダの世界』（中村元編著）
・古代インドの都市の造営法について、マウリア王朝の宰相カウテリアの著わした『カウテリア実利論』がある。そこに「都城は、二河の合流する所、または水の涸れない湖・池・濠の側に……水・陸両路に通じる市場都市でなければならない」と築城法の記述がある。パータリプトラ（パトナ）などがその例である（要旨）——佐藤良純『ブッダの世界』（中村元編著）
・（ピプラーワーからの）出土品を見ると、この地がカピラヴァストゥまたはマハー・カピラヴァストゥと呼ばれ、クシャーナ王朝の帝王（ある

いはカニシカ王か？）によって建立された僧院が存在していたことが知られる。――中村元『中村元選集』第十一巻

・一九七五年、仏塔から南西約一キロメートルの地点にガンワリア遺跡が発掘され、それがプリンスの宮殿であったことが明らかになった。――前田行貴『佛跡巡禮』

・カピラ城は周囲四千里ある。空城（人気のない町）は十数あり、荒廃はすでに甚だしい。――玄奘三蔵『大唐西域記』

・釈迦出生時代には人口約百万、種族は分かれ十城に居り、カピラ城は種族分布地の北部にあり、釈迦族全種族の首長であった。――水谷真成『大唐西域記』の注釈

以上の記述と先に紹介した発掘調査の結果を総合して、私なりに推理してみた。

・カピラ城は江戸時代の武蔵の国のように広い地域をさし、町や村は十か所に分かれていた。その首都は国の北側にあって宮殿のあるティラウラコットであった。江戸が海に面しているように川のある交通の便のよい場所で首都機能を果たし、人口がもっとも多かった（城郭の遺跡が残っている）。

・明暦《めいれき》の大火（一六五七年）の後の江戸の町づくりは、江戸城を中心としそのまわりに武家屋敷や庶民の住まいをつくり、寺院を十数キロ離れた郊外に移転したように、僧侶の住居を郊外においた。

・皇室の御用邸が那須や葉山にあるように、のちに建てられるピプラーワーの僧院から一キロ離れ

た所に太子用の宮殿を建て、太子は季節ごとに宮殿を変えて住んだ。

後に釈尊がさとりをひらいてカピラ城に戻られたとき、その居住地・伝道基地として竹林精舎や祇園精舎のように郊外に僧院が建てられ、シュッドーダナ（浄飯《じょうぼん》）王をはじめ信仰心のあつい一族は、時にはこの宮殿から僧院に出向いて、説法を聞いたのではないだろうか。都会のティラウラコットから一六キロ（道路で二四キロ）離れた清閑なピプラーワーに寺院を建て、僧侶が都会の雑念に惑わされず修行に集中しやすいようにしたのだろう。後に、シュッドーダナ王をはじめ釈迦族の五百人が出家することになる。そしてカニシカ王の時、僧院が整備され建てかえられたのではなかろうか。

私たちはカピラ「城」と聞くと、日本の城のような建物を想像するが、「城」とは城壁に囲まれた町を意味している。ドイツ語のブルクも同じ意味で、ハンブルクなどたくさんの例がある。日本の城をイメージしてしまうと狭い地域を想定しがちだが、ここでは広い地域でとらえる必要があるようだ。

ネパールとインドが釈尊を火種にして争っているが、このように解釈すればともに満足できるのではないだろうか。中村先生は、「当時はインドという国家もネパールという国家もなかったのであるから、第三者にとっては感情的に激する必要もない」といわれている。

釈尊のあしあと④

カピラ城に関して。 後代になって付け加えられたと思われる伝説など、カピラ城に関わる話を『中村元選集』第十一巻にもとづいて補っておこう。

生存年代。 釈尊がいつ亡くなられたかの「仏滅年代論」には百種以上あるという。中村先生の師である宇井伯寿博士は、アショーカ王の即位年代にもとづいて釈尊の生存年代を「紀元前四六六〜三八六年」と算定された。しかし、アショーカ王の即位年代は西洋の学者がギリシャの諸王の統治年代をもとに算出したもので、その後ギリシャ学の発展により、三年の誤差があることが発表された。中村先生は宇井説に補正を加えられて、釈尊の生存年代を「紀元前四六三〜三八三年」と、一九五五年に発表された。現在ではこの説が多く用いられている。

釈尊の誕生日に関しては、経典によって一般には四月八日とされ「花まつり」として祝っている。しかし、インド、スリランカなどの南方諸国では、誕生も成道も入滅も「ウェーサク祭」としてヴァイシャーカ月（四月〜五月）の満月の日に祝っている。二月八日とする説もあるが、これらはみな後代の伝説に由来するという。

学校で学ぶ。 中村先生は「釈尊は幼時に学校に行って、学友とともに板を机の上にのせて授業を受けたらしい。ヴェーダの学問は聖典を暗誦《あんしょう》するのであるから、板のようなものを必要としない。ところが釈尊が幼時に受けた学問は〈実学〉であり、文字に書いたのである。バラモンたちのヴェーダの学問とは全然異なったものを学んでいたと考えられる。教師を自分の宮殿に呼びつけて講義を聞いたのではなくて、学校へ出かけて行ったのだ、と古代インド人が考えていたことはおもしろい」と言われている。

四門出遊。釈尊が十四歳のとき、カピラ城の東西南北の四つの門から出て、それぞれ老人、病人、死人、出家修行者に会った。また、虫や鳥が互いに食いあうのを見て、世の中が悲惨で頼りないことを痛感し（註2）、後に出家するもとになったという。

　中村先生は、「過去の仏であるヴィパッシン仏の物語を叙する（のべる）ところで、この仏がいまだ出家前に王子であったときに、車に乗って宮殿から外に出て遊園におもむく途中で、老いた人、病んだ人、死んだ人を見て、深刻な反省を起こして、御者《ぎょしゃ》と対談したということが伝えられている。これと同じような筋が仏伝にも取り入れられている。これが後世に釈尊の伝説となった」といわれる。

結婚。十六歳のとき（諸説あり）、ヤショーダラー（誉れある淑女の意）を妃にむかえた。長く子どもに恵まれなかったが、二十九歳のときラーフラ（羅睺羅《らごら》。障《さわ》りの意）が誕生した。習慣により祖父のシュッドーダナ王が命名した。結婚年齢、妃の出生、血縁関係はほとんど不明という。

出城。釈尊二十九歳のとき、御者のチャンナに命じて夜中に白馬カンタカを中庭に引いてこさせ、城門を出て（註3）郊外の林に着いた。そこで立派な服を脱いで、チャンナに持たせて父母のもとに帰らせた。そして自分はさらに進んで狩人の衣服と取りかえて、散髪屋に会って髪を剃り王舎城に向かった。

アーナンダら一族の出家。三十五歳でブッダガヤでさとりをひらかれ、サールナート（鹿野苑）で最初の説法をされた釈尊は、ビンビサーラ（頻婆娑羅）王との約束で王舎城に行き、その後、生まれ故郷のカピラ城に戻られた。三十七歳ごろのことである。

釈尊は何度かカピラ城を訪れ、釈迦族の人びと五百人が帰依したという。その中には、実子のラーフラ（羅睺羅）をはじめ、異母弟のナンダ（難陀《なんだ》）、従弟のアーナンダ（阿難《あなん》）、アヌルッダ（阿那律《あなりつ》）、デーヴァダッタ（提婆達多《だいばだった》）、理髪師の子ウパーリ（優波離《うばり》）らがいた。釈尊の育ての親マハープラジャーパティも出家し、のちに尼僧教団ができたという。

アーナンダが出家したのは二十歳ごろで、釈尊五十歳ごろのこと。五年後に釈尊の侍者となったらしい。シュドッドーダナ（浄飯）王以後のバッディヤ国王も、アヌルッダに勧められて弟子となり出家した。

釈迦族は貴族の合議による共和政治を行っていたので、釈尊の晩年に公会堂を造った。釈尊はそこで説法をされた。公会堂は講堂とも呼ばれ、カピラ城の郊外にあったという。

釈迦族の虐殺と滅亡。釈尊の晩年に悲惨な事件がおきた。釈迦族がコーサラ国のヴィドゥーダバ王（瑠璃王《るりおう》。毘瑠璃《びるり》王の略）の軍隊によって滅ぼされたのである。

小国カピラ城は、大国コーサラ国に属していた。コーサラ国王のパセーナディ（波斯匿《はしのく》）王は、釈尊を生んだ優秀な釈迦族の王室から、王妃となる女性を要求した。誇り高い釈迦族は一計を案じて、マハーナーマ大臣の娘を差し出した。その娘は評判の高い美人であったが、大臣が奴隷の女に生ませた子であった。これをクシャトリア（王族）の娘だと偽って献上したのだった。

彼女は王妃となり、ヴィドゥーダバ（瑠璃）王子を生んだ。王子が十六歳のとき、祖父に会いたいと願い、カピラ城に向かった。そこで待ち受けていたのは、王子を絶望の底に突き落とすような仕打ちだった。講堂でヴィドゥーダバ王子が座った床を「身分の低い奴隷女の息子が座った」といいながら、釈迦族のものが洗い流しているのを目撃してしまったのだ。自分の出生の秘密を知り、それを企てた釈迦族に対して王子は、はかりしれない怒りをおぼえ復讐を誓った。

パセーナディ王が妃とともに祇園精舎に参詣《さんけい》している間に、王子は王の側近五百人を滅ぼし、王を追放した。妃のすすめで王はカピラ城に行ったが、日は暮れ門が閉ざされ王は死んだ。釈迦族の人びとはこのことを知り、多くの人が出家心を起こした。

王位についたヴィドゥーダバ王は、ある日、釈迦族をみな殺しにするため大軍をひきいて出発した。親族の危機を知った釈尊は、老齢の身でありながら祇園精舎を出て、先回りしてカピラ城につながる道に出た。国境には葉陰の大きなバニヤン樹があったが、釈尊はあえて葉陰のまばらな、枯れかかっている樹の根元に座られた。そこへヴィドゥーダバ王の軍が来た。ヴィドゥーダバ王はひざまずいて釈尊にむこうの大樹をすすめると、「大王よ、親族の葉陰はすずしいのです」と釈尊は答えられた。王は釈尊の心を知り舎衛城に帰り、釈尊も祇園精舎に帰った。

こうして三度引き帰らせたが、四度目には、釈尊は釈迦族のなしたこと（業《ごう》）を観察して「釈迦族は今日宿縁すでに熟す。いままさに報いを受くべし」といわれ、出かけられなかった。ヴィドゥーダバ王はカピラ城を攻めたので釈迦族は防戦したが、相手を殺すことはなかった。王が城を包囲して七日目、釈迦族は降伏し城をあけた。

ヴィドゥーダバ王軍の虐殺を見かねたマハーナーマ大臣は「自分が池のなかに潜るから、水中にいる間に逃げる人だけは助けてほしい」と頼み、王はわずかな時間と思い祖父の願いを聞いた。マハーナーマは水中に入ったがなかなか浮いてこないので水中を調べさせると、髪の毛を水中の木の根にしばり溺死していた。王は祖父を誉めたたえあつく池のほとりに葬った。逃げ遅れた釈迦族の人びとは、釈尊の不殺生戒《ふせっしょう》を守り無抵抗のまま殺されたり、ヒマラヤ山系の山岳地帯に逃亡してカピラ城は滅びたという。

釈尊はカピラ城を訪ねて虐殺のあとを見られ、「ヴィドゥーダバ王は大罪を犯したので、七日後に地獄の炎に焼かれて死ぬであろう。現世に罪をつくるものは現世にこれを受ける」と述べられた。王は恐れて、船に乗り河の上で生活したが、七日目には水中より自然に火が出て船もろとも焼かれて死んだ。

以上『瑠璃王経』の記述を要約したが、「パセーナディ王が逃げた先は、王の妹が嫁いだアジャータシャトル（阿闍世）王のいる王舎城」など、いろいろな伝説があり一定していない。中村先生はいくつかの伝説を比較されて、「瑠璃（ヴィドゥーダバ）王に比べて、釈尊がまるで陰の人物のように扱われているので、釈尊に言及している部分は後世の想像であるように思われてならない。この事件は釈尊滅後のことではないか」といわれている。

この話は、仏教以前からあった「因果応報」と「無常」を説いたものと思われる。みずからすぐれた種族と思い上がる釈迦族のうぬぼれとたくらみが招いた悲劇。共に受けなければならなかった業。釈尊が「業は軽くなったり重くなったりさまざまに変化する」といわれたような「仏教思想」が説かれていないので、この事件は釈尊滅後のことではないかと、私も思う。

「種族や血筋・身分にこだわって争う悲劇」は、愚かな五欲と差別心にもとづく人間の我執そのものである。その愚かさをあからさまにし、それらを克服する仏道を歩む契機としたいものである。現代の社会でも優位を争う民族紛争や、人間を貴賤人種で上下差別する。その誤りが正されてこそ世界の未来展望は開けることになる。こうした悲劇を生み出さないためにも、私たちは、「迷いの世界（六道）を超え、さとり（解脱）にいたる道」を求めなければならない。六歩でとどまらず七歩歩く。それは釈尊の示された念仏の道であり、親鸞聖人の歩かれた念仏の道である。

釈尊のあしあと⑤

誕生から出家まで。前述の「カピラ城私考」ともかかわりがあるので、ルンビニーとカピラ城にかかわる釈尊の誕生から出家までの足跡を『仏教聖典』（仏教伝道協会発行）から引用しておこう。

ヒマラヤ山脈のふもとを流れるローヒニー河のほとりに、釈迦族の都カピラヴァスツがあった。その王シュッドーダナ（浄飯）王は、（中略）城を築き、善政をしき、民衆は喜び従っていた。王の姓はゴータマであった。

妃マーヤー（摩耶）夫人は同じ釈迦族の一族でコーリヤ族と呼ばれるデーヴァダハ城の姫で、王の従妹にあたっていた。結婚の後、長く子に恵まれず、二十幾年の歳月の後、ある夜、白象が右わきから胎内に入る夢を見て懐妊した。王の一族をはじめ国民ひとしく指折り数えて王子の出生を待ちわびたが、臨月近く、妃は習慣に従って生家に帰ろうとし、その途中ルンビニー園に休息した。折から春の陽はうららかに、アショーカの花はうるわしく咲きにおっていた。妃は右手をあげてその枝を手折《た》ろうとし、そのせつなに王子を生んだ。天地は喜びの声をあげて母と子を祝福した。ときに四月八日であった。

シュッドーダナ王の喜びはたとえようがなく、一切の願いが成就したという意味のシッダールタ（悉達多《しつだった》）という名を王子に与えた。しかし、喜びの裏には悲しみもあった。マーヤー夫人は間もなくこの世を去り、太子は以後、夫人の妹マハープラジャーパティによって養育された。

そのころ、アシタという仙人が山で修行をしていたが、城のあたりに漂う吉相を見て、城に来たり、太子を見て「このお子が長じて家にいられたら世界を統一する偉大な王となり、もしまた出家して道を修めれば世を救う仏になられるであろう」と予言した。はじめ王はこの予言を聞いて喜んだが、次第に、もしや出家されてはという憂いを持つようになった。

太子は七歳のときから文武の道を学んだ。春祭に、父王に従って田園に出、農夫の耕すさまを見ているうち、すきの先に掘り出された小虫を小鳥がついばみ去るのを見て、「あわれ、生きものは互いに殺し合う」とつぶやき、ひとり木陰に坐って静思した。生まれて間もなく母に別れ、いままた生きもののかみあう有様を見て、太子の心には早くも人生の苦悩が刻まれた。それはちょうど、若木につけられた傷のように、日とともに成長し、太子をますます暗い思いに沈ませた。

父王はこの有様を見て大いに憂い、かねての仙人の予言を思いあわせ、太子の心を引き立てようといろいろ企てた。ついに太子十九歳のとき（諸説あり）、太子の母の兄デーヴァダハ城主スプラブッダの娘ヤショーダラーを迎えて太子の妃と定めた。

この後十年の間、太子は、春季《はるき》・秋季《あき》・雨季《うき》それぞれの宮殿にあって歌舞《かぶ》管弦の生活を楽しんだが、その間もしきりに沈思《ちんし》瞑想して人生を見きわめようと苦心した。

「……（略）……正しいものを求めることというのは、この誤りをさとって、老いと病と死とを超えた、人間の苦悩のすべてを離れた境地を求めることである。いまの私は、誤ったものの方を求めている者にすぎない」。

このように心を悩ます日々が続いて、月日は流れ、太子二十九歳の年、一子ラーフラ（羅睺羅）が生まれたときに、太子はついに出家の決心をした。太子は御者のチャンダカを伴い、白馬カンタカにまたがって、住みなれた宮殿を出て行った。そして、この俗世界とのつながりを断ち切って出家の身となった。

補註

1　**立正大学の調査報告**　その周囲には原始仏教聖典に見えるカピラ城周囲の都市名がいまも残っているし、近傍にアショーカ王の石柱がある。また、法顕や玄奘の記述とほぼ一致する。遺跡は南北約五〇〇メートル、東西約四五〇メートルの長方形で、城塞遺跡であるが記銘遺物の出土がまだないので断定できない。（要旨）

2　**四門出遊**　現実に満足していては真実を求める心はおきてこない。聖徳太子のいわれる「世の中はすべて仮のもので虚《むな》しい（世間虚仮《こけ》）」という現実直視から、「ただ仏だけが真実」（唯仏是真）という世界がひらけてくる。この「四門出遊」の伝説は宗教の入口を示されたのだと、私は思う。

3　**出城**　中村先生の「釈尊の出家の問題をどう考えたらよいのであろうか」との疑問に、櫻井和上は以下のように答えられている。

「釈尊の出家仏教は、宗教入門者必須の『捨という否定道』を教えられ、親鸞の在家仏教は『捨という入門から取という出門へ』として明るい人生肯定をもって、釈尊の提出された課題に答えたものと見るべきである」。

「釈尊が残された聖者の道のほかに、大乗という、本能を認めながらより高次なもの（宗教生活）に昇華せしめる別の道を、課題として残されてあったのである。釈尊滅後二千数百年、やっと親鸞という人物があらわれて聖者の道のほかに、大乗という別道があることを示してくれた。そして、その別道では、在家とか出家とかという区別がないどころか、むしろ在家のすがたにこそ釈尊の真意があることを示してくれた。親鸞の結婚を、寂静《じゃくじょう》の都の釈尊はどんなにか『私の残してきた長い間の課題を、よくも解いてくれた』と、喜んでいられるであろう」。

8 サヘートとマヘート ～布教の拠点・祇園精舎と舎衛城

旅行ガイド

サヘートは王舎城の竹林精舎とともに釈尊の布教の拠点です。日本でもなじみの深い「祇園精舎」のあるところです。祇園精舎で釈尊は多くの説法をされました。釈尊の説法を味わってみましょう。マヘートは釈尊に帰依したパセーナディ王の宮殿があったところです。

旅日記　八日目・九日目

舎衛城《しゃえじょう》へ

バスは十一時半にカピラ城を出発。一六五キロの道程《みちのり》を約四時間かかって、三時十五分にバルランプルのホテル、ロータス・ニッコーに到着した。遅い昼食をとって、四時三十五分にホテルを出発。バルランプルから北に一五キロ離れた、舎衛城のあったマヘート村に向かった。

◈舎衛城――アングリマーラの塔とスダッタ長者の屋敷跡

舎衛城〔註1〕は釈尊の時代にコーサラ国の宮殿のあったところで、昔はシュラヴァースティと呼ばれ、漢訳されて舎衛城、現在はマヘートと呼ばれている。

舎衛城の南門跡を入ったところに、「ジャイナ教寺院跡」がある。そこから七〇〇メートルほど行くと、左側にバッキクティという「アングリマーラの塔」がある。殺人鬼アングリマーラが釈尊と出会い、弟子になったといわれる場所である。道をはさんで右側にカッチクティという祇園精舎を釈尊に寄進した「スダッタ長者の屋敷跡」がある。その向こうは平原になっており、城壁や街路の跡がかつての都の姿を偲ばせる。日は沈み、かなり暗くなってきた。六時半にホテルに戻った。

◈祇園精舎

二月十九日、インドに着いて九日目。いよいよ仏跡参拝の旅最後の目的地祇園精舎に行く日である。釈尊がもっとも長く住まわれ、『阿弥陀経』などたくさんのお経を説かれた大変重要な土地である。〔註2〕

バスはバルランプルから祇園精舎のあるサヘート村に向かう。祇園精舎の七〇〇メートル手前、道の脇にある「祇園精舎の鐘楼《しょうろう》」〔註3〕の前でバスは止まり、数人がバスを下りて鐘をついていた。『平家物語』の言葉が思い出される。「祇園精舎の鐘の声、諸行無常の響きあり。沙羅双樹の花の色、盛者《しょうじゃ》必衰〔註4〕のことわりをあらわす。おごれる人も久しからず、唯春の夜の夢のごとし。たけき者も遂

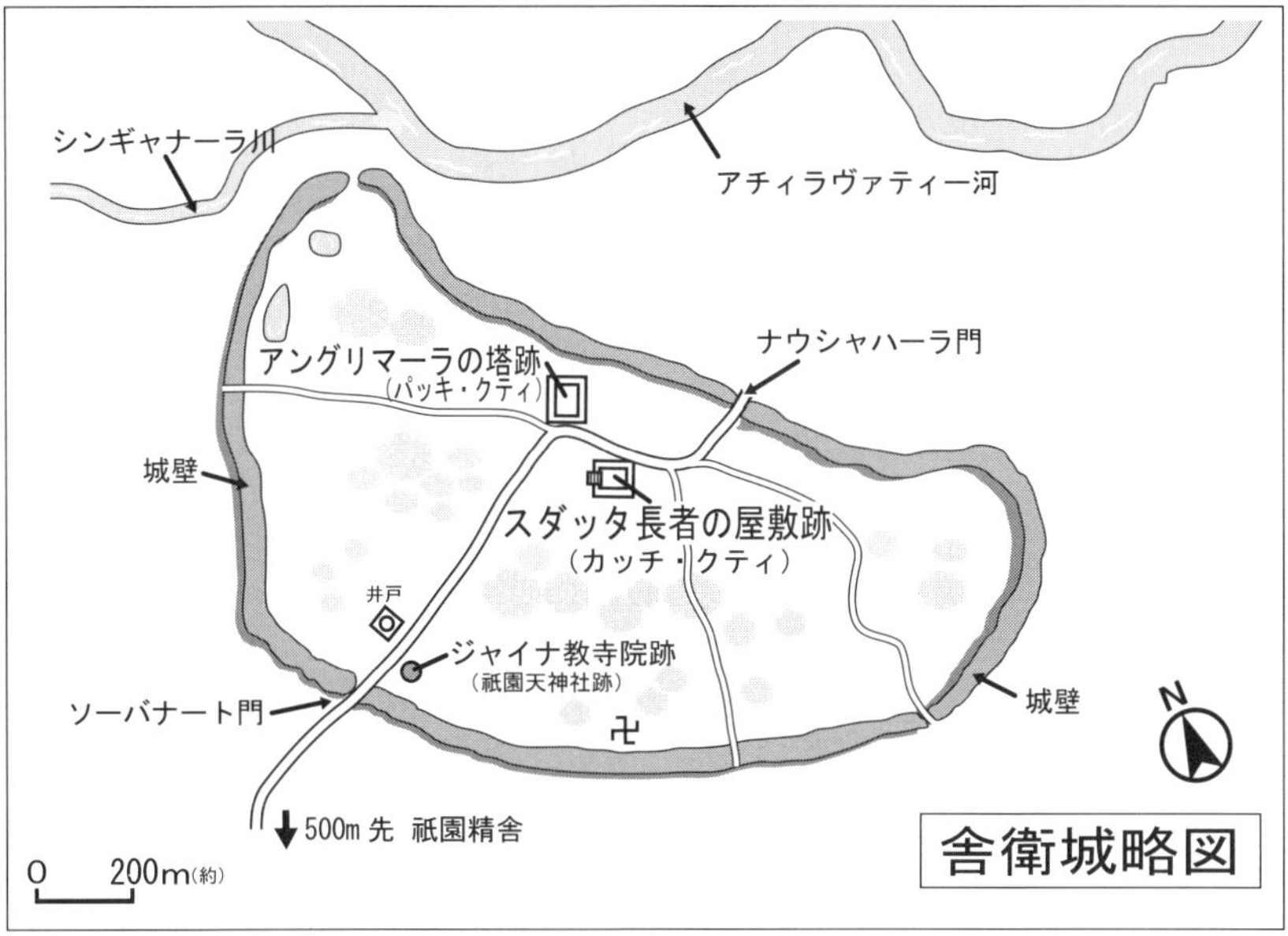

シンギャナーラ川
アチィラヴァティー河
アングリマーラの塔跡
(パッキ・クティ)
ナウシャハーラ門
城壁
スダッタ長者の屋敷跡
(カッチ・クティ)
井戸
ジャイナ教寺院跡
(祇園天神社跡)
ソーバナート門
城壁
N
500m 先　祇園精舎
0　200m(約)
舎衛城略図

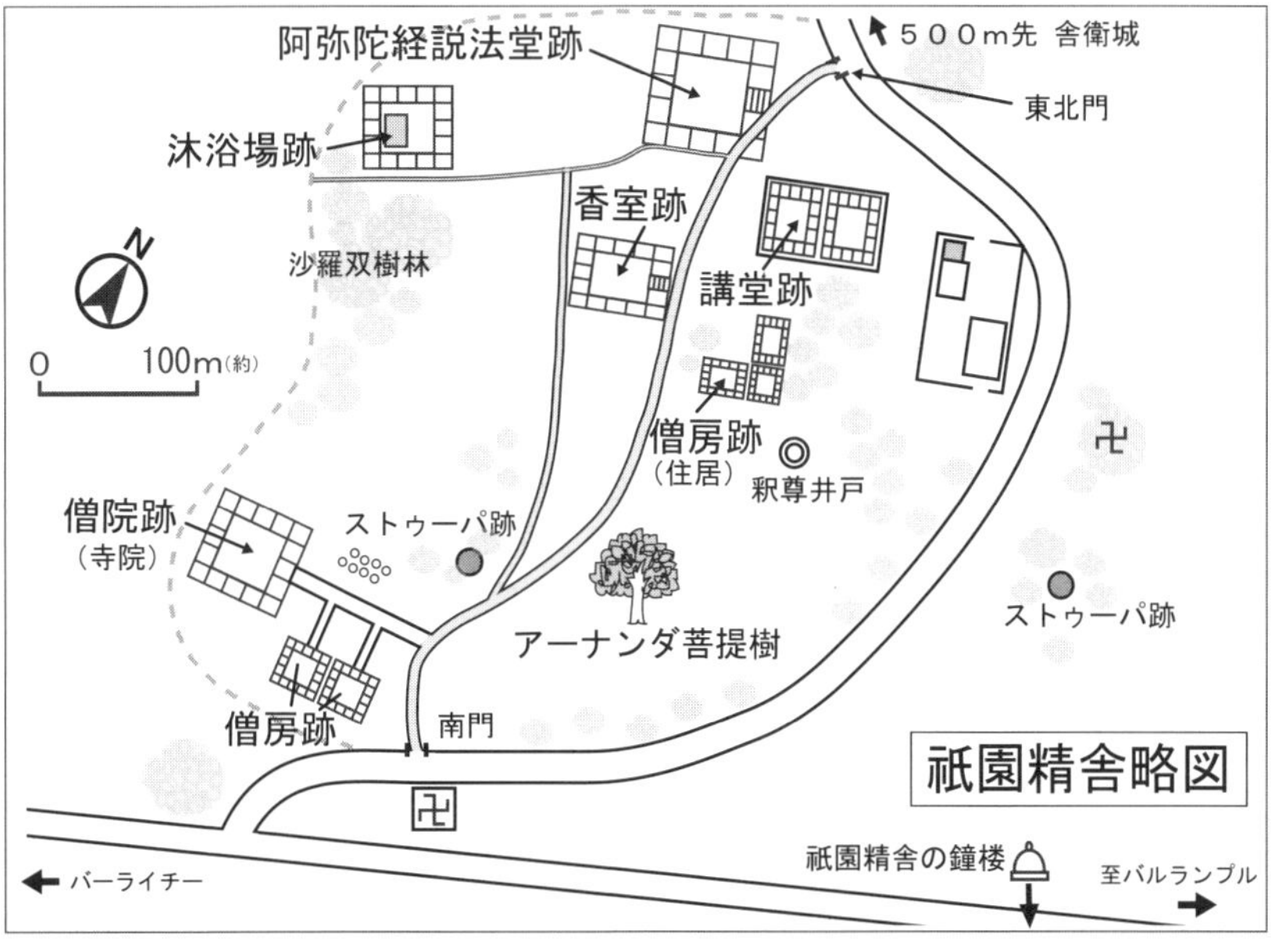

阿弥陀経説法堂跡
500m先　舎衛城
東北門
沐浴場跡
香室跡
沙羅双樹林
講堂跡
N
0　100m(約)
僧房跡
(住居)
釈尊井戸
僧院跡
(寺院)
ストゥーパ跡
ストゥーパ跡
アーナンダ菩提樹
僧房跡
南門
祇園精舎略図
祇園精舎の鐘楼
バーライチー
至バルランプル

にはほろびぬ。ひとえに風の前の塵《ちり》に同じ」。
祇園精舎は、舎衛城から五〇〇メートル離れたところにあり、ほかの仏跡と違って僻地《へきち》にあるので、静寂な環境が保たれている。四〇四年に法顕が参拝したときは九十八の伽藍があったと伝え、六三〇年に玄奘が参拝したときはアショーカ王の石柱しか残っておらず、荒廃していたという。一九八九年には、関西大学の網干善教《あぼしよしのり》教授の発掘隊が沐浴場跡を発見した。

私たちは祇園精舎の南門から入った。緑地に木々が日を浴びて静かな遺跡公園になっている。左側に禅定三昧《ぜんじょうざんまい》の「僧房跡」の基壇がある。少し歩くと、右側に「アーナンダ（阿難）菩提樹」という老木がある。天竺菩提樹がなかったので、モッガラーナ（目連）尊者が神通力で一夜にしてブッダガヤーから持参して植えたものという。左側は精舎の中央にあたり、昔、蓮華の池があった所だ。まわりの樹木には、十匹ほどの猿が木の上で遊んでいた。少し歩いて右側には「釈尊が使われた井戸」、左側にはひときわ高い「香室跡」がある。香室はガンダクティと呼ばれる釈尊の居室のことで、祇園精舎の中心で七重の塔であったという。少し歩いて右側には「講堂跡」がある。

講堂の前には、「阿弥陀経説法堂跡」がある。釈尊が『阿弥陀経』を説かれた場所である。私たち一行二十八人は、大谷光淳師を中心にして、ここで『阿弥陀経』を唱和した。「如是我聞《にょぜがもん》。一時仏、在舎衛国祇樹給孤独園（このように、わたしは聞かせていただいた。あるとき、世尊が舎衛国の祇園精舎においでになって）……」『阿弥陀経』は、『無量寿経』『観無量寿経』とともに浄土三部経といわれ、大変重要なお経である。内容は、阿弥陀仏が説法している極楽浄土の様や、浄土に生まれるには一心に念仏せよとすすめ、五濁の世のための説法であることが説かれている。この経は釈尊がサーリプッタ（舎利弗）に語られたお経である。サーリプッタとは同時に私のことである。釈尊が直々に、私に「念仏して浄土に生まれよ」とお勧めくださっている声が聞こえてくる。

祇園精舎の由来

『涅槃経』に、祇園精舎が造られたいきさつが書いてある。

舎衛城にスダッタ（よく施した人の意）という長者がいた。慈善の心に富んだ人であった。また、「孤独な人びとに食を給する（与える）人」とも呼ばれ、漢文では「給孤独長者《ぎっこどく》」と訳された。スダッタは、商用で王舎城に行ったとき、釈尊を訪ねて帰依した。そして、釈尊を舎衛城に招待することにした。

スダッタは釈尊や弟子たちを迎えるために、王舎城にある竹林精舎のような精舎を寄進したいと願ったが、精舎の環境に適した場所がなかなか見つからなかった。たまたま美しいマンゴー樹林があったが、パセーナディ（波斯匿）王の王子ジェータ（祇陀《ぎだ》）太子の所有していた園林《おんりん》だった。この樹林を買い取りたいと思ってスダッタは太子に交渉をした。太子はかたくなに断ったが、スダッタのあまりの熱心さに負け「樹林に黄金を敷き詰めた場所だけ、その黄金と引き替えよう」と、軽い気持ちでいった。ところがスダッタは、牛車で黄金を運び園林に一枚一枚敷きつめた。さすがの太子もスダッタの篤信に感動し、樹林を寄付することにした。そして釈尊の弟子のサーリプッタを迎え、彼の指導のもとで精舎が建設された。祇陀太子と給孤独長者の二人の篤い心を名前に残し「祇《ぎ》樹《じゅ》給《ぎっ》孤《こ》独《どく》園《おん》」と名づけ、略して「祇園」というようになった。

考古学者の調査によると、祇園精舎の広さは約二万坪だという。こうしてマガダ国の王舎城の竹林精舎と、コーサラ国の舎衛城の祇園精舎の二大布教拠点が完成したのである。

阿弥陀経説法堂跡

僧院跡（白川淳敬氏撮影）

沐浴場跡（丸山勇氏撮影）

京都の祇園との関係

前田行貴氏の『佛跡巡禮』の記述を借りて、紹介しよう。

「舎衛城南門跡を入って東側に、ジャイナ教寺院跡と称する煉瓦《れんが》造りの、半ば崩れかけた神殿様式の建物がある。天然痘《てんねんとう》をはじめとする疫病《えきびょう》の神、牛頭天王《ごずてんのう》の分身を祀った社《やしろ》跡である。

王舎城出身の陰陽家《おんみょうか》である法道《ほうどう》和尚が、この牛頭天王の分身を持って、六四五年（大化元年）に日本に到着。播州広峰《ばんしゅうひろみね》（兵庫県）に、法華経寺《ほけきょうじ》と祇園精舎の鎮守神《ちんじゅしん》である牛頭天王社（通称祇園社）を建立して、庶民の治療に専念した。

その名声が都に伝わり、六四九年五月に朝廷の招きに応じて参内《さんだい》し天皇の病を治して、七日間宮中にて無遮会《むしゃえ》を修法し、六五一年三月には、宮中において一切経会《いっさいきょうえ》を指導した。その間、インドの舎衛城一帯の大祭であった祇園祭儀や山車御旅式（ダシ・ヤートラ）（註5）を伝授した。

祇園社は流行病の鎮守神として、平安期には京都の八坂《やさか》に移され、今日にいたるまで祇園祭は盛大を極めている。ただし、明治維新の神仏分離・廃仏毀釈《きしゃく》によって、牛頭天王は素戔嗚尊《すさのおのみこと》（須佐之男命）にとって代ってしまった」。

祇園精舎で最後の記念撮影を済ませると、これでもう仏跡の旅は終わりだと思った。

私たちの二台のバスは、バルランプルを通りウッタル・プラデーシュの州都のラクナウへ二〇〇キロ移動。ラクナウ市内の観光を終えて空港に向かった。

さまざまな出来事があった八日間のバスの旅だった。なじんだ一号車ともこれでお別れである。

ずっと一緒に旅をしてきた運転手と助手を囲み、空港で最後の記念撮影をした。ラクナウを後にして、ヒマラヤ山脈を右手に見ながら、一時間の飛行でデリーに戻った。

祇園精舎にまつわる有名な話を三話紹介しておこう。

死んだ子の薬を求めたキサーゴータミー

裕福な家の若い嫁であったキサーゴータミーは、そのひとり子の男の子が幼くして死んだので、精神に異常をきたし、冷たい骸《むくろ》を抱いて巷《ちまた》に出、子どもの病気を治す者はいないかと尋ね回った。この半狂乱の女をどうすることもできず、町の人びとはただ哀れげに見送るだけであったが、釈尊の信者がこれを見かねて、その女に祇園精舎の釈尊のもとに行くように勧めた。

彼女はさっそく、釈尊のもとへ子どもの骸を抱いて行った。釈尊は静かにその様子を見て、「女よ、この子の病を治すには、芥子《けし》の実がいる。町に出て四、五粒もらってくるがよい。しかしその芥子の実は、まだ一度も死者の出ない家からもらってこなければならない」と言われた。そこで母親は、町に出て芥子の実を求めた。芥子の実は得やすかったけれども、死人の出ない家は、どこにも求めることができなかった。ついに求める芥子の実を得ることができず、仏（釈尊）のもとにもどった。

釈尊の静かな姿に接し、彼女ははじめて釈尊の言葉の意味をさとり、夢から覚めたように気がつき、わが子の冷たい骸を墓所におき、釈尊のもとに帰ってきて弟子となった。（「長老尼の詩註」、『仏教聖典』仏教伝道協会刊より）

殺人鬼アングリマーラ

アングリマーラは、舎衛城の北にあるサッツナ村に生まれた。幼くして父親が死んだが、大変頭がよかったので、十二歳の時にマニバッダラというバラモンに弟子入りをした。性格はおとなしくすなおで、ひかえめでつつしみ深く、まじめに勉強していた。

あるとき王さまから呼び出しがあり、バラモンは城に出かけた。年若いバラモンの妻は、夫がいないことをいいことに、服を脱いでアングリマーラに言い寄ってきた。アングリマーラは驚いて、厳しい顔で「あなたは私の先生の奥さんです。それだけはしてはいけません」と断って服を返した。それでも夫人の気持ちは変わらず、ついに関係を結んだ。ちょうどそこにバラモンが帰ってきた。夫人は「アングリマーラに脅されて、むりやりこんな恥ずかしいことをされたのです」と嘘をついた。バラモンは「許すわけにはいかないから、外で修行してきなさい」と破門した。そして、「修行中に千人の人を殺してきなさい。殺した証拠に指を切り取り、それをつないで首飾りをつくって帰ってきなさい。そうすれば許してあげよう」といった。アングリマーラは、「勘弁してください」と誤ったが、許してもらえる様子がないので「わかりました」といって出て行った。そうして人を次々に殺して指を切り取り首飾りになるようにつないでいった。まだ千本に達しなかったので、母まで殺そうと考えた。

それを知った釈尊は、アングリマーラに会って心を改めさせようとした。ところが、アングリマーラは逆に喜び、「お釈迦さまと母さんを殺せば、自分は神様の国、梵天に生まれることができる」と、刀を隠して釈尊に近づこうとしたが、なかなか近づくことができなかった。釈尊は「お前は悪い考えに踊らされて人を殺した。悪い夢を捨てて、正しい道の教えにしたがって生きなさい」と教えさとされた。アングリマーラは自分の過ちを懺悔した。こうしてアングリマーラは出家して釈尊の弟子になった。

しかし、元来人殺しなので町の人びとから恐れられ、道を歩いていても石や瓦を投げられたり、刀で切られそうにもなった。血だらけになって帰ってくることもあった。釈尊は、「自分の犯した罪の報いをいま受けているのです。耐えしのんで罪をつぐない、正しい行いをおさめる修行をしなさい」とさとした。そしてアングリマーラは修行をおさめて、最高のさとりを得たといわれている。

（『央掘摩羅経』より筆者訳）

アングリマーラは、仏教とは違った教え（外道《げどう》）を信じて、指を集めて飾り（鬘）をつくったというので、「指鬘《しまん》外道」ともいわれている。また、漢文に翻訳されたとき「央掘摩羅《おうくつまら》」と音写された。『歎異抄』第十三条に「往生のために、千人を殺せ……」という箇所や、『牛若丸』で弁慶が九百九十九本の刀を集め、千本目に牛若丸と出会った話も、この話がもとになっているといわれている。

なお、『歎異抄』第三条に「善人なおもって往生をとぐ、いわんや悪人をや」とあるが、その悪人とはアングリマーラのような法律的、道徳的な悪をおかした者のことではない。如来の真実の光に照らされて映った影のことで、如来の声によびさまされた自覚、宗教を信じる者の自覚の言葉である。

貧者の一灯

祇園精舎におられた釈尊は、コーサラ国のパセーナディ（波斯匿）王の要請で宮殿に行き教えを説かれた。夜になったので釈尊は祇園精舎に帰ろうとされた。道が暗いので王さまは、宮殿の門から祇園精舎まで（五〇〇メートルの）道の両側に明かりをともした。

貧しい暮らしをしていた老婆は、王さまがたくさんの灯明をともして釈尊に供養したことを聞いた。釈尊に灯明を捧げることは、功徳を積むことであった。人からお金を恵んでもらう生活をしていた老婆は、たくわえたわずかなお金で油を買った。そして、ひとつの灯明を捧げた。老婆は「この油では夜の半分ももたないが、私がもし次の世に釈尊と同じ世界に生まれるならば、夜中《よるじゅう》光を放ってください」と願った。王さまの灯明は風で消えるものもあり、油が燃え尽きて消えるものもあった。老婆の灯明は、ほかのものとは比べものにならないほど明るく輝き、夜中消えることはなかった。

夜明けが近づいたので、釈尊は弟子のモッガラーナ（目連）に、まだ火のついている明かりを消させた。しかし、老婆の灯明だけは消えなかった。モッガラーナは、袈裟であおいで消そうとしたが、かえって火は赤々と燃えるのだった。釈尊はモッガラーナに、「この老婆は、前世からたくさんの仏を供養したので功徳がある。来世では『須弥灯光如来《しゅみとうこう》』という仏となられるんだよ」といわれた。（『阿闍世王受決経』[註6]）より筆者訳）

貧しくてもまごころを込めたわずかな捧げものは、金持ちが見栄を張る心で捧げたたくさんのものよりすぐれていることを教えられた。

補註

1　**舎衛城**　中村先生は「釈尊の時代は、舎衛国は北インドの交通の集合点で、商業路でもあった。スダッタ長者とジェータ太子の寄進で祇園精舎ができ、釈尊は二十年以上ここに滞在され、多くの経典が残された。この商業路にそって、仏教が各地に伝わった。また、商人が土地を買って教団に寄進したということは、商業資本家の台頭と、貨幣経済の進展が著しかったことを示している。また、いくつかの経典には、釈尊は祇園精舎や竹林精舎で、病気になった仲間の僧を看病し世話をされたことが書かれてある」といわれる。

2　**祇園精舎**　前田行貴氏は、祇園精舎は、十二世紀末、イスラム軍団の侵入により崩壊してしまった。その後は荒廃したままジャングル化していたが、一八六三年に、考古学者カニンガムの発掘調査で、南北約三五〇メートル、東西二三〇メートルにおよぶ遺跡が明らかになった。

3　**祇園精舎の鐘楼**　一九八一年に大阪の四天王寺聖徳讃仰会が中心となって建立した。中村先生は、祇園精舎など古代インドの僧院には日本の釣り鐘のような銅鐘はなかったといわれる。祇園精舎の鐘と無常がなぜ結びつくのかというと、源信の『往生要集』のなかに、ホスピス（終末期ケアの施設）のような制度を論じている箇所があり、祇園精舎には無常院という病人を収容して死を迎えさせるというくだりがあるので、その影響がもとではないかといわれている。

4　**盛者必衰**　『仁王経（下）』の言葉。

5　**山車**　祭礼の時に引き回す装飾を施した車。現代でも大多数のインドの民衆はヒンドゥーの神々を奉じ、祭礼のときには神輿《みこし》をかつぎ、ヤートラ（山車）を引いて練り歩く。七世紀には庫車《くちゃ》（タクラマカン砂漠のオアシス）でも行われていたと玄奘三蔵は『大唐西域記』で伝える。現在、日本各地の祭礼で、神輿をかつぎ、山車を引く形式が多く見かけられるが、そのふるさとはインドの祇園精舎にあったといえるのではないだろうか。

6　**阿闍世王受決経**　この経典では、「阿闍世王の請に応じて……」と始まっている。阿闍世王はマガダ国の王であり、祇園精舎のあるコーサラ国の王は波斯匿王である。とすると、阿闍世王が妻の生まれ故郷であり、義理の兄である波斯匿王を訪ねたときのことと想像できる。

9 ヴァイシャーリー
～アンバパーリと維摩居士の町

旅行ガイド
アンバパーリが釈尊に寄進したマンゴー樹園跡に「アショーカ王の石柱」があります。アンバパーリのこころ、維摩居士のこころを訪ねてみましょう。

◈アショーカ王の石柱

今回の旅行では行かなかったが、ルンビニー、ブッダガヤー、サールナート、クシーナガルの四大仏跡に次いで重要な場所なので補っておこう。ヴァイシャーリーは、パトナからガンジス河を渡り、北へ五五キロほどのところにある。釈尊ご在世当時は、リッチャヴィ族の首都として繁栄し、「世界最古の共和国」といわれている。

王舎城の項でふれた「ジーヴァカ（耆婆）のマンゴー園」や、王舎城の悲劇の項でアジャータシャトル（阿闍世）王に釈尊の教えを聞くように進言したジーヴァカとその母アンバパーリ（諸説あり）が生まれたところであり、アンバパーリが釈尊の教団に森を寄進したところだ。（註1）現在、そのマ

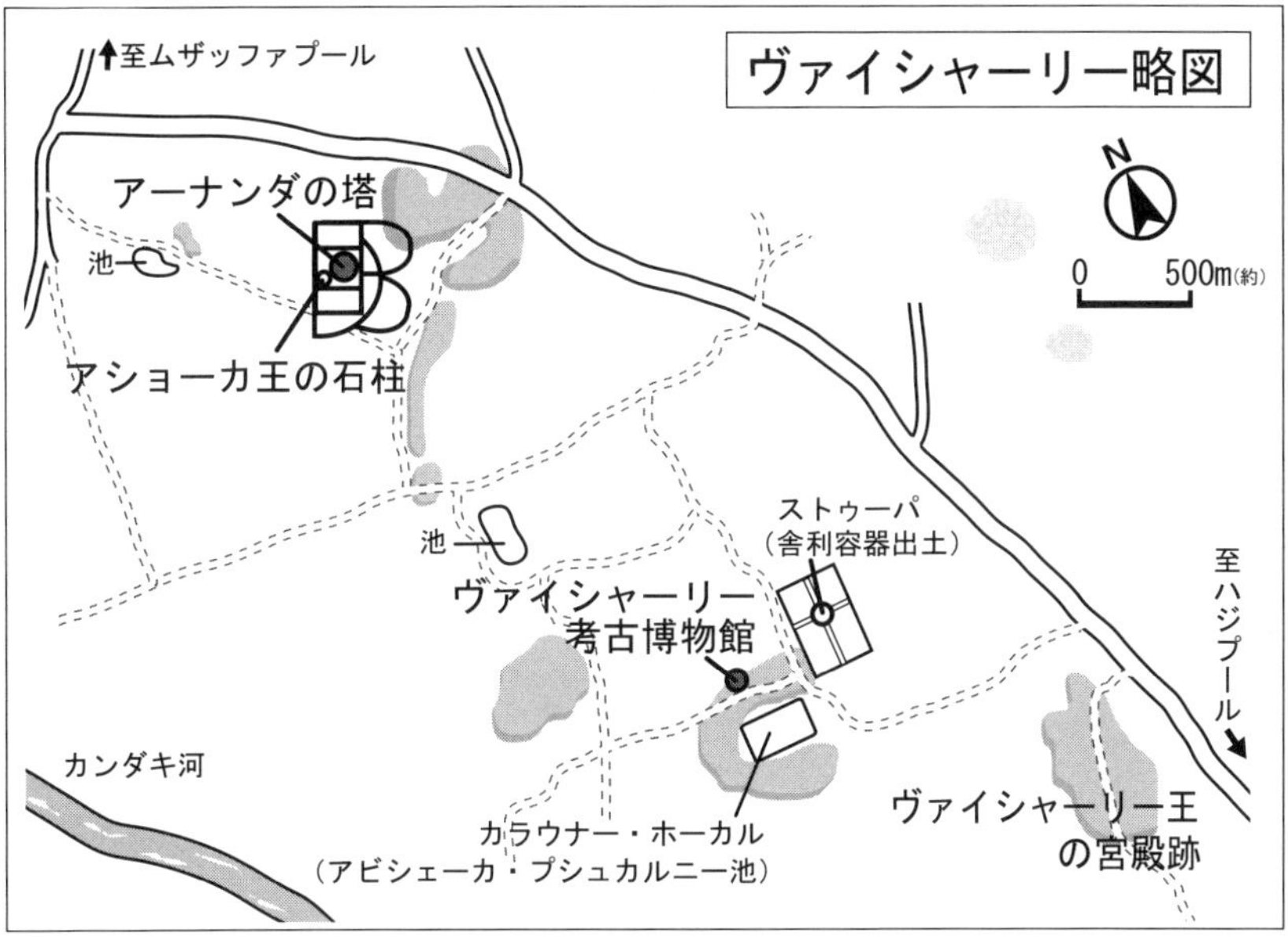

ンゴー園跡には、高さ六メートルの柱頭にライオン像がある「アショーカ王の石柱」が残っている。

ジャイナ教の開祖マハーヴィーラ（ニガンタ・ナータプッタ）も釈尊に十五年遅れて、このヴァイシャーリーで生まれた。彼は王子として生まれ、三十歳で出家して十二年間の苦行を行い、人びとを教化し、パータリプトラ（パトナ）で七十二歳で亡くなった。ジャイナ教は仏教と共通点が多く、『教行信証』には、マハーヴィーラは六師外道のひとりとして「尼《に》乾《けん》陀《だ》若《にゃ》提《だい》子《し》」という名で登場している。

またこの地は『維摩経』の主人公ヴィマラキールティ（維摩。垢を離れた誉のある者の意）が住んでいたとされるところである。維摩が在家の立場で法を説いたことに注目された聖徳太子は、『法華経』『勝鬘経』とともに『維摩経』を講釈

ジーヴァカのマンゴー園跡（丸山勇氏撮影）

され、在家仏教のお手本として勧められている。

アンバパーリとジーヴァカ

ジーヴァカ（耆婆）の生い立ちとジーヴァカの母アンバパーリについては『奈《な》女《にょ》耆《ぎ》婆《ば》経《きょう》』[註2]（「奈」はマンゴーの意）に書かれている。

ビンビサーラ（頻婆娑羅）王が統治するマガダ国の北に、ガンジス河をはさんでヴァイシャーリー国があった。ジーヴァカの母アンバパーリは、その国のバラモンの家の庭園にあるマンゴーの木のこぶから出ている枝の間から生まれたという。アンバパーリは十五歳になったころには「美容天下無双なり」というほどの、とびきりの美人に成長した。そのため、当時インドにあった十六か国のうち七か国の王から求婚され、困った父は「王さま同士七人で協議してほしい」と提案した。だが王たちは争うだけで結論がでない。

そのとき、マガダ国のビンビサーラ王は抜け駆けして彼女の寝室に忍び込み、幸い一夜をともにすることができた。翌朝の未明、部屋を去るとき王は彼女に、「もしも子どもが生まれて男の子であれば私がもらおう。女の子であればお前に与えよう」と約束し、その証拠に身につけていた金のイヤリングをはずして与えた。生まれた子は男だった。

アンバパーリは約束どおり、当時の風習によりその子を白い布にくるんで道端に置いた。ビンビサーラ王の子アバヤ王子がその子を発見し、そばにいる人に「その子は生きているか死んでいるか」と聞いたところ「活」という返答がかえってきた。それで、活きているという意味の「耆域《ぎいき》」（耆婆）という名前がつけられた。しばらく乳母《うば》が育てて、アンバパーリのもとに返したという。

ジーヴァカは八歳の時、金のイヤリングを持って王宮に行きビンビサーラ王に差し出すと、太子として認められた。それから二年後、ビンビサーラ王と正室のヴァイデーヒ（韋提希《いだいけ》）夫人との間にアジャータシャトル（阿闍世）太子が誕生した。それでジーヴァカは太子の地位を退いて、パキスタン東部にあるタキシラへ行き、七年間医学を学んだ。その後、ラージギール（王舎城）に戻ったジーヴァカは、長者の夫人、ビンビサーラ王、長者、釈尊の病を治して名医といわれるようになった。さらに医者でありながらマガダ国の大臣もつとめ、仏教信者として深く釈尊に帰依した。

アジャータシャトル太子がデーヴァダッタ（提婆達多）にそそのかされて王位についたのは、釈尊入滅の八年前だった。アジャータシャトルが父を殺し、悔恨の思いで日々を過ごし悩んでいたとき、ほかの大臣は六師外道のところに行くことを勧めたが、アジャータシャトルの異母兄にあたるジーヴァカだけは、釈尊のもとに行くことを勧めた。やがて仏の教えに目覚めたアジャータシャトル王は、その後、教えを広めるために尽くした。ジーヴァカは、大臣を辞退したあと、城外の霊鷲山のふもとにあるマンゴー樹林内に精舎をつくり、釈尊や修行僧千二百五十人がそこに住んだという。ジーヴァカは医者でもあったのだから病にかかったときは、さぞかし心強かったことだろう。

母のアンバパーリのその後について。アンバパーリは学問は父以上にでき、とくに音楽にすぐれ、五百人のバラモンの娘たちが習いにきた。当時は、音楽をかなでたり舞踊をすることは、男たちを楽しませる仕事として特異な目で見られていたのかもしれない。妖艶で美人のうえ、学問をし音楽をかなで庭のマンゴー園で悠々と遊んでいたので、「娼婦」「売春婦」と呼ばれた。嫉妬した人がさげすんで言ったのだろうか。別伝には、アンバパーリを王舎城の遊び女婆羅跋提《はらばつだい》とする説ある。

あるとき、釈尊はヴァイシャーリーにあるアンバパーリのマンゴー林に入った。そこでアンバパーリはこのマンゴー林を釈尊に寄進して衆生済度の道場とした。そして、釈尊はこの道場で『維摩経』などを説いた、と伝えられている。

補註

1　**菴羅園**　アンバパーリのことを菴没羅女《あんもらにょ》（マンゴー樹林を守る女）と漢訳したので、彼女が寄進したマンゴー樹園を、菴没羅園を略して菴羅園という。法然聖人は、狭い場所で念仏する人に「念仏を実践する場所は狭くて、ガンジス河の砂のように多くの仏・菩薩・諸神が集まってアンバパーリが寄進したマンゴーの林（菴羅園）のようだ。念仏の道場は狭くても無数の仏・菩薩・諸神が集まり、まるで苔むした霊鷲山の法座と同じだ」（『漢語灯録』）と念仏実践の場所を尊くいただかれている。

『奈女祇域因縁経《なにょぎいきいんねんきょう》』にも同様の話が出てくる。

2　ジーヴァカの生い立ちとその母について

中村元先生と（パキスタン、ハラッパ遺跡にて、1981年）

ぜんざいタイム

言葉は生きものだ。変幻自在なところがある。

「ぜんざい」という、甘党にはたまらない食べものがある。小豆のツブツブがあって、白玉や餅が入っているのは関西風。白玉や餅に粒あんをかけて汁が少ないのが関東風。粒が粉状になれば「しるこ」である。

語源のひとつの説は、出雲地方が発祥の「神在もち」。「じんざい」が「ずんざい」になり、さらに京言葉で「ぜんざい」になったとか。もうひとつは、中国から伝来した説。『三国志』で有名な関羽《かんう》が名づけた食べものだという。さらにもうひとつ。お釈迦さまが弟子をほめるとき「善哉《ぜんざい》」といわれる。「よきかな」「すばらしい」という意味で、インドではいまでも、出家者をサドゥ（善き人）と呼んでいる。

ナムアミダブツというお念仏は、私の口から出る。そのままたくさんの仏さまが念仏者をほめたたえている言葉だ。お念仏を称え仏さまから「よきかな」とほめられるか、ぜんざいを食べて「すばらしい」と思うか。どうも人間さまは、食欲という欲望がとことん強いらしい。あまりのおいしさに「ぜんざい」と叫んだというわけだ。

第三章　仏跡参拝後

1 阿弥陀信仰はインドになかった？

旅日記　十日目、十一日目

アグラ城とタージ・マハル

旅行の十日目は、デリーからアグラへ二〇〇キロを四時間半かけてバスで移動。アグラは、十六世紀半ばにムガル帝国第三代皇帝アクバルが都をおいたイスラム教の古都である。まず一五六五年に建てられたというアグラ城を見学した。

最大の見所はなんといってもタージ・マハルである。ムガル帝国第五代皇帝シャージャハーンが、三十六歳で早世した妃のムムターズ・マハル（言葉が変化してタージマハル）のために二十二年かけて建設し、一六五三年に完成したものだ。マハルは宮殿の意味だが、五七メートル四方の総白大理石で造られた王妃の墓である。アグラ城からは、ガンジス河の支流ヤムナー河に沿って二キロほど離れたところにある。

阿弥陀信仰の実在を証明するマトゥラー

十一日目は、アグラからデリーへ移動。途中、白川団長の提案でマトゥラー博物館に寄った。マ

タージ・マハル

阿弥陀仏像台座（丸山勇氏撮影）

トゥラーは、アグラから五六キロデリー寄りにある。古くは仏教徒の修行の地だったそうだ。一〇一七年にイスラム軍が侵攻し、仏教とヒンドゥー教の寺院の大部分が破壊されつくした。十六世紀には、ヒンドゥー教の学者がこの地をヴィシュヌ神の化身であるというクリシュナ生誕の地として認めたので、それ以来ヒンドゥー教における信仰の中心地となった。

また、この地は一世紀ごろに仏像が造られたことで有名だ。ギリシャ美術が国際化したヘレニズム美術の影響を受けて生まれたとされるガンダーラ美術よりも、少し年代は遅れる。マトゥラーの彫刻はインド彫刻のなかでももっとも美しい仏像といわれ、マトゥラー美術の文化の花が開いた。ガンダーラの仏像は釈迦苦行像（七三頁写真）に代表されるように、顔立ちが現実的で、ほりが深く鼻筋が通っている。それにくらべて、マトゥラーの仏像は顔立ちは丸みがある。しかし、博物館に展示してある仏像のほとんどは、イスラム軍による破壊で、首がなかったり、鼻が欠けたりした無惨な姿だった。

　この地はインドに阿弥陀仏信仰があったことが証明されたことで有名である。中村先生はそのことについて「一九七七年九月中旬に、マトゥラー博物館で、『アミターバ』という刻銘のあるクシャーナ時代の阿弥陀仏像の台座を示されたときの、わたくしの衝撃は大きかった」と驚きの様子で書かれている[註1]。当時、東方学院での講義でもマトゥラーの話をよくされた。二十年前、中村先生とこの博物館を訪ねたときは、その碑文は奥の倉庫にしまってあり、みなですき間からのぞいたが、今回は見ることができなかった。

　余談になるが、二十年前の旅行では、中村先生の希望で、マトゥラーから一五キロデリー寄りにあるヴリンダーバンに寄った。マトゥラーはクリシュナの生誕地、ヴリンダーバンはクリシュナの育った地といわれている。四千ほどのヒンズー教寺院があり、すべてクリシュナをまつっているという。中村先生は「あの庭がラーマクリシュナがブランコなどをしてたわむれた伝説の庭ですよ。伝説では男子禁制なんですがね」と笑いながらいわれた。絵はがきなどでよくみる有名な神話のシーンだ。

デリーのホテルに到着し、夕食時に「解団式」が行われた。大谷光淳師のあいさつに続いて、石上和敬師による乾杯の発声。二号車のガイドのイドリスさんと一号車のガイドのポールさんからも、それぞれにあいさつがあった。

デリー博物館の仏舎利

旅行最後の日はデリー市内観光。国立博物館には、カピラ城跡といわれているピプラーワーで発掘された仏舎利が展示してあった。

真々園にも仏舎利寄贈の話があったが、そのとき櫻井和上が丁重に断られたこと(註2)、常磐井鸞猷《ときわいらんゆう》真宗高田派法主《ほっしゅ》（二〇一三年常磐井慈裕師に法主職が継承された）のエピソードを思い出した(註3)。

補註

1　阿弥陀信仰の実在　かつては、浄土教は中央アジアで成立したという学者が多かった。その理由は、中央アジアでは浄土教の経典や絵画が見つかっているのに、インドでは何も発見されていなかったからだ。インドでは、仏像のなかでは釈迦牟尼仏が一番多く、観音菩薩や弥勒菩薩の像もかなり多い。しかし、阿弥陀仏像はまったく発見されていなかった。ところが、一九七六年、マトゥラー市郊外の遺跡で仏像の足の部分が発見されたのである。二七センチ×五一センチのもので、両足の下にクシャーナ時代（六〇年ごろ～二〇〇年ごろ）のブラーフミー文字で、「一切諸仏を供養せんがためにアミターバ仏・世尊の像を建立した。この善根により、一切諸仏の無上の仏智が説かれんことを」と記されていたのだ。これは、中央アジアで発見された阿弥陀仏像のどれよりも古いものである。アミターバ（阿弥陀仏）信仰がすでにマトゥラーにあったということは、大乗仏典の成立はかなり早かったということになる。このことで大乗仏教は、クシャーナ王朝の時代に、その領土の内に起こったという想定がますます確かになったことになる。

　また、この仏像の左足のあたりに蓮華の装飾があるが、それがアミターバ仏の象徴と認められていることは注目すべきである。そこから浄土教が最初に盛んになったのはマトゥラーあたりではないかという可能性が考えられるのである。以上、要約だが、中村先生は『ブッダの世界』でこのように述べられている。

2　仏舎利寄贈の話を…断られた　櫻井和上が往生される前年の一九八八年に、アムリタナンダ師から、坂東性純先生を通じて、「三十年来の親しい付き合いに報いるものとして貴重な仏舎利（お釈迦さまの骨）を真々園に持参します」との申し出があったが、真々園の主旨に合わないからと櫻井和上は丁重に断わられた。それは、『金光明最勝王経』に説かれているように「人間の肉体を借りた如来（釈尊）は人間の認識に応じるように変化したもので本当の如来ではない。親鸞は（『教行信証』真仏土巻で）形体ある如来は程度の低い者に応ずるため、やむを得ぬ大悲より現ずる化身とし、声として聞かれ舌を動かせば出てくる念仏こそ正真正銘の如来であることを一生主張し続けたのである」という理由からである。

3　常磐井鸞猷真宗高田派法主の話　一九七〇年一月、真宗高田派の常磐井鸞猷新門（当時）が、仏跡参拝団の団長として羽田空港であいさつをされた。「……村田静照《じょうしょう》和上の言葉に『私は八十年で死んだ釈迦に用はない。末法万年、三宝滅尽の時まで生きて導いてくださる釈迦を見ているので、仏跡巡拝しようとは思わぬ』と言われたそうで、これから仏跡巡拝しようとする私は、冷水を浴びせられたように思うのでありますが、八十年ではなく永遠につながる道を学ぶための仏跡巡拝をしたい。それは要するに求道の姿勢にかかっていると思うのであります」と語られた。見送りに行かれた櫻井和上は、その団長の言葉に深く感銘したといわれる。

この話は、後に花園大学学長になられた奥大節師が三十歳のとき村田和上を訪ね、仏跡巡拝の話をされたことを受けての村田和上のご法話がもとになっている。「わしは仏跡巡拝をしようとは思わぬが、仏跡の話なら聞こう、というて聞かしてもらいました。わしらは八十年入滅の釈迦は見んのじゃ。『法華経』には劫尽きてこの世界が無間の炎に焼かれるまで、この経を信ずる者を守るとあるのに、八十年で死ぬお釈迦さんに用事はないわい」。

2 釈尊最後の旅（ニルヴァーナ・ロード）

旅の終わりにあたり、「釈尊最後の旅」を振り返ることにしよう。

釈尊は、都市をつなぐ主要道路を歩いて王舎城から約四七〇キロ離れた生まれ故郷のカピラ城に向かわれたが、途中、約三二〇キロ地点のクシーナガルで涅槃に入られた。距離を東名高速道路に当てはめてみると、東京から京都に向かって名古屋で降りたようなものだ。

釈尊最後の旅の様子は、『大般涅槃経』に書かれている。『中村元選集』第十二巻に訳されてあるので主な部分を紹介しながら、王舎城からクシーナガルへのニルヴァーナ・ロード（涅槃の道）を釈尊とともに歩いてみよう。

旅のルート（一六頁地図参照）

王舎城→アンバラッティカー→〈ナーランダー〉→パータリ村（パトナ）【以上マガダ国】→ガンジス河を渡る→コーティ村→ナーディカ村→ヴェーサーリー市（ヴァイシャーリ）→ヴェールヴァ村〈雨季安居〉→バンダ村→ハッティ村→アンバ村→ジャンブ村→ボーガ市【以上ヴァッジ国】→パーヴァー市→カクッタ河→クシーナガル【以上マッラ国】

八十歳の釈尊は、アーナンダとごくわずかの弟子を連れて旅をされたようだ。「そこで尊師（釈尊）は王舎城に、こころゆくまでとどまって、それから若き人アーナンダに告げられた。『さあ、アーナンダよ。われらはアンバラッティカーの園に行こう』と」。

釈尊の説法

釈尊最後の旅の始まりである。王舎城にある霊鷲山を下りられた釈尊は、郊外のアンバラッティカーに向かわれ、国王の別荘にとどまった。そして、多くの修行僧たちに数多くの「法に関する講話」をされた。

「戒律とはこのようなものである。精神統一とはこのようなものである。智慧とはこのようなものである。戒律とともに修養された智慧は、大きな果報をもたらし、大いなる功徳がある。智慧とともに修養された心は、もろもろの汚れ、すなわち欲望の汚れ、生存の汚れ、見解の汚れ、無明《むみょう》の汚れから完全に解脱《げだつ》する（註1）」。

それからアンバラッティカーを出られた釈尊は、パータリ村に向かわれた。パータリ村へ行く道の途中にあるナーランダーは、後に仏教研究センターとして栄えるが、当時は重要な場所ではなかったので、釈尊はとどまられなかったと思われる。パータリ村は、アジャータシャトル（阿闍世）王の子ウダーインが後に都をおいたところで、アショーカ王の活躍の拠点となるところである。在俗信者たちは、パータリ村の休息所（客人宿泊所）に敷物をひろげ、水瓶をおき、灯火をともして釈尊を迎えた。

「尊師は……両足を洗い、休息所に入って、中央の柱の近くに、東に向かってすわった。修行者たちもまた両足を洗って休息所に入り、西の壁の近くに、東に向かって、尊師を前にしてすわった。パータリ村の在俗信者たちもまた、両足を洗って、休息所に入り、東の壁の近くに西に向かって、尊師を前にして坐した」（図参照）。

釈尊は、在俗信者たちに「人間として道を実行するのに怠ることなかれ、戒めを守れ[註2]」と説かれた。夜更けまで講話された釈尊は、在俗信者が帰ったあと、人のいない空き家に移られた。

それから釈尊は、パータリ村からガンジス河を渡ってヴァッジ国のコーティ村に入られた。コーティ村では修行僧たちに、四つの真理（四諦。一〇二頁）の法話をされた。四つの真理にもとづく教えの実践は、通常は八正道を説かれるが、ここでは、戒め（戒）、精神統一（定）、智慧という戒定慧[註3]の実践法を説かれた。

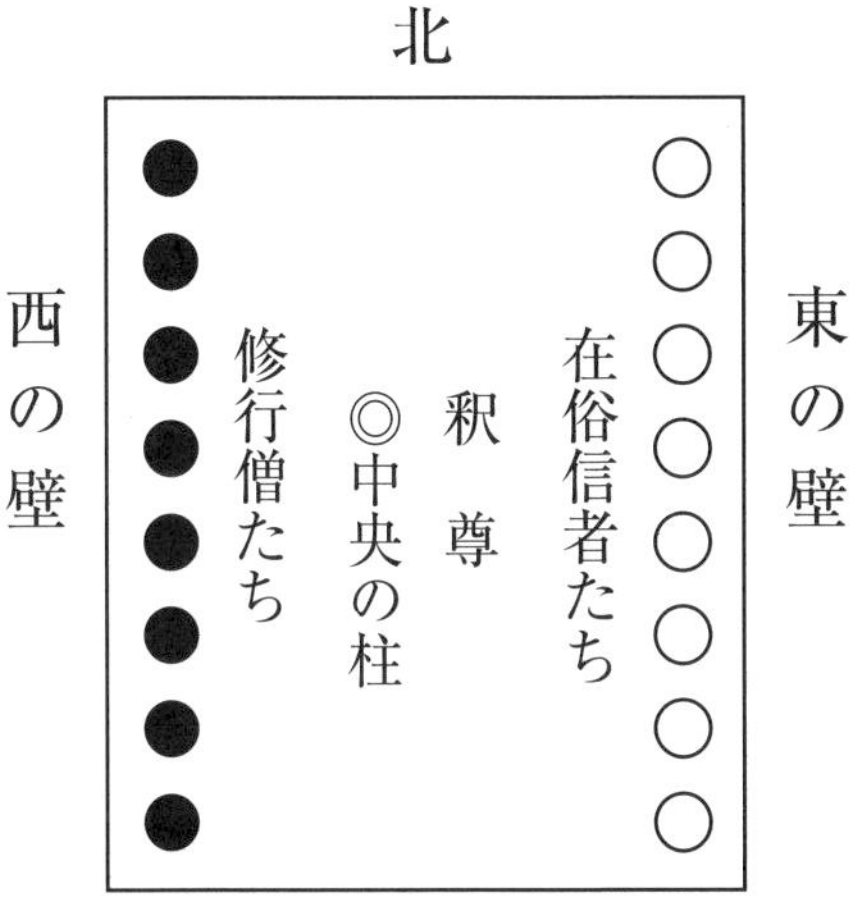

釈尊説法図（『中村元選集第12巻　ゴータマブッダⅡ』より）

釈尊は、コーティ村からナーディカ村に行き、煉瓦堂に滞在して、法話された。「真理をさとった者は、もはやこの世にもどってこない[註4]」と、僧尼および在俗信者の死後の運命について説かれた。それから釈尊は、ナーディカ村から商業都市として栄えていた首都ヴェーサーリーに向かわれた。アンバパーリのマンゴー園にとどまって、法話をされた。

自帰依、法帰依（自灯明、法灯明）

それから釈尊は、ヴェーサーリーから竹林の村であるベールヴァ村に行かれた。ここで雨季の定住（雨安居）に入られた。「さて尊師が雨季の定住に入られたとき、おそろしい病が生じ、死ぬほどの激痛がおこった。しかし尊師は、心に念じて、よく気をつけて（自覚して）悩まされることなく、苦痛を堪え忍んだ」。

病から回復された釈尊に、アーナンダは最後の説法を懇請した。

「アーナンダよ。修行僧たちはわたくしに何を期待するのであるか？　わたくしは内外の隔てなしに（ことごとく）理法を説いた。全き人の教えには、なにものかを弟子に隠すような教師の握り拳《こぶし》は存在しない。『わたくしは修行僧の仲間を導くであろう』とか、あるいは『修行僧の仲間はわたくしに頼っている』と、このように思う者こそ、修行僧のつどいに関してなにごとかを語るであろう。しかし向上につとめた人は『わたくしは修行僧の仲間を導くであろう』というようなことを思うことがない。向上につとめた人は修行僧のつどいに関してなにを語るであろうか。

アーナンダよ。わたしはもう老い朽ち、齢《よわい》をかさね老衰し、人生の旅路を通り過ぎ、老齢に達した。わが齢は八十となった。たとえば古ぼけた車が革紐の助けによってやっと動いて行くように、おそらくわたしの身体も革紐の助けによってもっているのだ」。

「それゆえに、この世で自らを島とし[註5]、自らをたよりとして、他《た》のものをたよりとせず、法を島とし、法をよりどころとして、他のものをよりどころとするな」。

中村先生は、「仏教には秘密の教えなどない。真理は万人のものである。カーストによる差別などは吹き飛ばされてしまう。真理は特定の教師のみの伝えるものではない。釈尊は自分が教団の指導者であるということをみずから否定している。たよるべきものは、めいめいの自己であり、それはまた普遍的な法に合致すべきものである。『親鸞は弟子一人《いちにん》ももたず』（『歎異抄』第六条[註6]）という告白が、歴史的人物としての釈尊の教えとなんら直接の連絡はないにもかかわらず、論理的にはなにかしらつながるものがある」と解説されている。

釈尊は、ヴェールヴァ村を早朝に出てヴェーサーリー市に入られた。托鉢から帰り、食事を終えて言われた。「アーナンダよ、これはわたくしがヴェーサーリーを見る最後の眺めとなるであろう。さあ、アーナンダよ。バンダ村へ行こう」。

バンダ村では、一生を回顧して、輪廻からの解脱の法話をされた。さらに、バンダ村から、ハッティ村、アンバ村、ジャンブ村、ボーガ市を通り、パーヴァー村（現在のパドラウナか）に着かれた。

チュンダの供養

パーヴァー村では、鍛冶工《かじこう》（金属細工人）の子チュンダのマンゴー林にとどまられた。釈尊の法話を聞いたチュンダは、翌朝の食事を出す許しを得た。「それから鍛冶工の子チュンダは、その夜のあいだに、自分の住居に、美味なる噛む食物・柔らかい食物と多くのきのこ料理とを用意して、尊師に時を告げた。『時間になりました。尊い方よ。お食事は準備してございます』と」。

釈尊は、チュンダの住居に行き食事をされた。「さて尊師が鍛冶工の子チュンダの食物を食べられたとき、激しい病がおこり、赤い血がほとばしり出た（下痢に血が混じっていた）。死にいたらんとする激しい苦痛が生じた。尊師はじつに正しく念《おも》い、よく気をおちつけて、悩まされることなく、その苦痛を耐え忍んでいた。[註7]

さて尊師は若き人アーナンダに告げられた。『さあ、アーナンダよ、われらはクシーナガルにおもむこう』と」。そして尊師はパーヴァー村からクシーナガルに向かわれた。

八十歳の老修行者が病の苦痛に悩みながらトボトボ歩いて行くというのは、たいへんなことであった。途中、クシーナガルからパーヴァー村に向かって歩いてきたマッラ族のプックサが入信した。プックサは隊商をひきいて交易を行っていた。

釈尊は、カクッター河に向かってさらに歩を進め、クシーナガルのウパヴァタナに着いた。「……二つの供養の食物には最上の徳がある。それは、さとりをひらいた直後に（二人の敬虔な商人から）供養された食物と、チュンダが供養した食物とである」。チュンダが「自分の供養した食物で釈尊は亡くなった」と思って悲しんだり、またほかの人びとがそのようにいってチュンダを非難するかもしれないので、それを防いで、このように言ったのである。ここに人間釈尊の温かい思いやりがみられる。

最後の弟子スバッダ

「さあ、アーナンダよ。わたくしのために、二本並んだサーラ樹（沙羅双樹）の間に、頭を北に向けて床を用意してくれ。アーナンダよ、わたくしは疲れた。横になりたい」。床（竹や籐でつくられた寝台）に横たわる釈尊に遍歴行者スバッダが面会を求めてきた。彼は百二十歳でクシーナガルの人たちから敬われていたという。スバッダは有名な哲人たちの所説に対する評価をたずねたので、釈尊は「そのような哲学論議は無意義だからやめておけ（註8）」といわれ、さらに続けられた。「スバッダよ。わたくしは二十九歳で、善を求めて出家した。スバッダよ。わたくしは出家してから五十年たった。正理《しょうり》（正しい道理）と法の領域のみを歩んできた。これ以外には『道の人』なるものも存在しない」。

他人がどうであるかということは、なにも気にする必要がない。釈尊は、形而上学《けいじじょう》的な諸説にこだわらないで、真実に生きるという心構えを伝えたのだった。スバッダが出家することを申し出たので、四か月間は修行僧とは別のところに住まわせ、修行僧たちの同意が得られることを条件にして、弟子になることを許された。

葬儀のこと

アーナンダは尋ねた（註9）。「尊い方よ。修行完成者のご遺体に対して、われわれはどのようにしたらよいでしょうか」。「アーナンダよ。おまえたちは修行完成者の遺骨の供養（崇拝）にかかずらう（従事する）な。どうか、おまえたちは、正しい目的のために努力せよ。正しい目的に向かって怠らず、勤め、専念しておれ。アーナンダよ。王族の賢者たち、資産者の賢者たちで、修行完成者（如来）に対して清らかな信をいだいている人びとがいる。彼らが修行完成者の遺骨の崇拝をなすであろう」。

中村先生は、「仏教の修行僧は、自分の修養につとめることだけをせよ、葬儀などやるな、という思想は原始仏教経典にまま散見するが、ここにもあらわれているのである。またブッダの遺骨崇拝も世俗人のやることであり、出家修行僧のかかずらうことではないと考えていたことが、ここでも知られる」と解説されている。

臨終のことば

釈尊は、教えについて疑問の点があれば後悔することのないよう尋ねるように、修行僧たちに三度うながした。そして、「もろもろの事象は過ぎ去るものである。怠ることなく修行を完成なさい」ということばを残して、目を閉じられた。（註10）

旅のおわりに……………………………………

釈尊はブッダガヤーでさとりをひらかれたあと、鹿野苑で出家修行者のために八つの正しい行い（八正道）を説かれた。だが、それを実行できない者（下品下生《げぼんげしょう》）をあわれんで、後に王舎城で念仏の教えを説かれた。ここに万人が救われる教えが完成したといえるだろう。

「釈尊最後の旅」は、一部しか紹介できなかったが八十歳の人間釈尊がなまなましく描かれていてせまり来るものがある。それは同時に、八十六歳の中村先生、八十九歳の櫻井和上のすがたと重なってくる。釈尊の臨終のことばは、私に「おこたりなまけること（懈怠《けだい》）なく、念仏相続しなさい」と遺言され、涅槃に入られたように思えてならない。

いよいよ十二日目の夜、飛行機に搭乗。デリーから所要時間十時間半、バンコクを経由して十三日目の朝、成田空港に到着し解散した。

六大仏跡（註11）を訪ねた十三日間のインド・ネパールの旅は、二十九名のよき法友と、優秀な現地ガイド二名に恵まれて実り多い旅行だった。関係者の方々に厚く厚く御礼申し上げ、ささやかな旅行記の筆をおかせていただく。

補註

1　**智慧は無明《むみょう》の汚れから完全に解脱する**　親鸞聖人が『教行信証』総序の文で「無碍《むげ》の光明は無明の闇を破する慧日《えにち》なり」といわれているように、同じ心を示されていると私はいただいている。仕事をもち、家庭をもち、煩悩の泥沼のなかにありながら、私たちにできる精神統一。それは、ナムアミダブツと称える念仏のなかにすべておさめられている。

2　**パータリ村での最後の説法**　中村先生は、「（釈尊は）パータリ村では資産のある在俗信者たちの休息所で接待を受け、彼らのために法話をされました。……富める人びと、資産を有する人たちへの五つの戒めは、いかにも新しい時代を反映した身近な説法でした、貧しき故の煩悩、愚かしき故の煩悩だけでなく、資産を持てる故に、聡明なる故に、ますます大きくなる煩悩を制する戒めを、釈尊は説かれました」と言われる。また「沼地に触れないで、橋を架けて、広く深い海や湖を渡る人びともある、（木切れや蔦草を）結びつけて筏をつくって渡る人びともある。聡明な人びとは、すでに渡り終わっている」（『涅槃経』）。この釈尊の言葉は、いくつもの意味で解釈されているという。そのひとつは「迷いの洪水を克服するために、賢者はすみやかに橋を架けるが、愚者は筏を求めてあくせくしている」というものである。

3　**戒定慧**　仏道を修行するものがかならず修めるべき三つの基本的な修行。のちに「三学」となる。

4　**この世にもどってこない**　不還《ふげん》、阿那含《あなごん》という。

5　**島**　サンスクリット語の「島」を意味するdvipaと「灯明」を意味するdipaは類似しているので誤訳という説もある。中村先生は、「自らを島とし」というときの「島」は「州」と訳したほうがよいかもしれない。インドでは大洪水になると一面水浸しになり、まわりに山が見えないから、どちらを向いても大海原となる。そのなかでところどころに残っている州が人びとの寄る辺となるので、それにたとえているのである。大洪水を経験することのない日本人には、自灯明、法灯明という連想のほうが受け取りやすい、との見解であった。

私は「自帰依」を「信仰は主体的なもの」という意味で理解している。法を受ける主体は煩悩を肯定する自己ではなく法と向き合っている自己。自己を超越した仏心が自己に内在しているところの自己であって、それは仏性が開発された自己である。

6　**親鸞は弟子一人《いちにん》ももたず**　櫻井和上は、「宗教教育の真髄を表白《ひょうびゃく》せられたもの」（『歎異抄を読み解く』）といわれる。すべての人を平等な如来の弟子とみる。

7　**チュンダの供養**　経典では、チュンダは純粋な心で事を行ったのだから功徳があると、「与えること」の功徳をたたえている。私はそれに加え親鸞聖人が八十八歳のとき書かれた「自然法爾章《じねんほうにしょう》」や、『歎異抄』にある「善きことも悪しきことも業報にさしまかせて……」という自然法爾の境地もあわせて味わえるのではないかと思う。

8　**哲学論議は無意義**　さとりは学問や知識で得られるものでなく、行（修行）によってこそ得られるものである、と説かれたものと私は理解している。

9　**アーナンダの問い**　櫻井和上の法話要約。釈尊が涅槃に入られたクシーナガルはさびしい片田舎だった。弟子のアーナンダは「こんな辺鄙《へんぴ》なさびしい所で入滅されなくても、マガダ国の王舎城やコーサラ国の舎衛城がふさわしいのでは」と尋ねた。釈尊は「ここは昔、大善見王《だいぜんけんおう》の都で大変栄えた所。その王さまこそ前生《ぜんしょう》の私だ」と答えられた。アーナンダの問いは愚痴な私たちの代理人の言葉。釈尊の答えは「現実に徹して生きれば、マイナスがプラスとなる」というもの。それを親鸞聖人は「自然法爾」と言われた。『歎異抄』に「されば善きことも悪しきことも業報にさしまかせて、ひとえに本願をたのみまいらすればこそ、他力にてはそうらえ」とある。現代語に訳せば「現実に徹し、徹して、徹し切れよ。心の闇も晴れるぞ」となる。念仏は、そのようにあらしめてくれるもの。こう味わえば、念仏は釈尊の直接のご説法で、水のまじらない蔵出しのままである。

10　**入滅の日時**　入滅の日時については何も記録に残されていない。『遊行経《ゆぎょうきょう》』は、誕生も、出家も、成道も、入滅も、二月八日としている。

11　**仏跡**　生誕の地ルンビニー、成道の地ブッダガヤー、初転法輪の地サールナート、涅槃の地クシーナガル、以上が四大仏跡（聖地）。布教の拠点王舎城、祇園精舎、ヴァイシャーリー、忉利天《とうりてん》から下降したというサンカーシャ（歴史的な所ではない）、以上の四か所が後代に追加され、八大仏跡（聖地）といわれている。

釈尊の生涯（BC四六三〜三八三年、中村元説）

※（　）内の数字は本書の頁数

年齢	事項	場所
1	誕生（114・126）	ルンビニー園
2		カピラ城
3		
4		
5		
6		
7	この頃学校で学ぶ？（126）	
8		
9		
10		
11		
12		
13		
14	四門出遊（127）	
15		
16	？結婚（127）	
17		
18		
19	？結婚（132）	
20		
21		
22		カピラ城
23		
24		
25		
26		
27		
28		
29	ラーフラ誕生、出城（54・133）	
30	苦行林に入る（73・77）	ブッダガヤー
31	苦行	
32	苦行	
33	苦行	
34	苦行	
35	苦行／成道（79・82）	
36	初転法輪（88・97）	サールナート
37	ビンビサーラ王帰依（55・127） 竹林精舎寄進（46） カピラ城帰郷（99） ナンダ・ラーフラ・ウパーリら出家（99）	王舎城
38	舎衛城へ（126）	

年齢	事項	場所
39	サーリプッタ、モッガラーナ入門（64）	王舎城
40	カピラ城帰郷、祇園精舎建設（136）	ヴァイシャーリー
41	ヴァイデーヒ夫人帰依（55）	王舎城
42		不明
43		←
44		←
45		舎衛城
46		不明
47		ヴァイシャーリー
48		不明
49		舎衛城
50	カピラ城帰郷（99）、アーナンダ出家	カピラ城
51		←
52	舎衛城遊行	王舎城
53		←
54		舎衛城
55		王舎城
56	アングリマーラ帰依（136・143）	舎衛城
57	アジャータシャトル誕生	不明
58		←
59		←
60	晩年の約20年間は舎衛城が拠点（99）	舎衛城
61		←
62		←
63		←
64		←
65		←
66		←
67		←
68		←
69		←
70		←
71		←
72	モッガラーナ没（64） 王舎城の悲劇（55）	←
73	ビンビサーラ王牢獄死（45・99）	←
74		←
75		←
76		←
77		←
78	シャカ族滅亡（128）	←
79	サーリプッタ寂（63）	王舎城
80	涅槃（105・170）	クシーナガル

＊参考図書

中村元編『広説佛教語大辞典』（東京書籍）／中村元・福光光司・田村芳郎・今野達編『岩波仏教辞典』（岩波書店）／龍谷大学編『仏教大辞彙』（冨山房）／赤沼智善編『印度仏教固有名詞辞典』（法藏館）／『望月・佛教大辭典』（世界聖典刊行協会）／水谷真成訳注『大唐西域記』（平凡社）／長沢和俊訳注『法顕伝』（平凡社）／『仏教聖典』（仏教伝道協会）／『中村元選集［決定版］第11巻ゴータマ・ブッダⅠ』（春秋社）／『中村元選集［決定版］第12巻ゴータマ・ブッダⅡ』（春秋社）／中村元編著『ブッダの世界』（東京書籍）／中村元著『インドこころの旅』（日本放送出版協会）／中村元訳『ブッダ最後の旅』（岩波文庫）／中村元著『インド思想史』（岩波全書）／前田行貴著『仏跡巡禮』（蓮河舎、その後『インド仏跡巡礼』と改題して東方出版から発行）／前田専學著『ブッダを語る』（日本放送出版協会）／菅沼晃著『ブッダとその弟子89の物語』（法藏館）／『地球の歩き方』（ダイヤモンド社）／『インド』（メディアファクトリー）／櫻井鎔俊著『歎異抄を読み解く』（春秋社）／櫻井鎔俊著『教行信証を読む』（法藏館）／櫻井鎔俊著『浄土のすくい』（法藏館）／櫻井鎔俊『浄土を生きる』（法藏館）／『真仏教』（真々園）

旅行スケジュール

第1回東方学院インド・パキスタン学術調査旅行

（一九八一年二月一日〜十一日、十一日間、三六五、〇〇〇円）＊中村先生と添乗員を含めて二十一人

2月1日	成田 ↓ カルカッタ	エアポートホテル
2日	カルカッタ ↓ パトナ ↓ ナーランダー ↓ ラージギール ↓ ブッダガヤー	国際仏教会館
3日	ブッダガヤー ↓ ベナレス	クラークスホテル
4日	ベナレス ↓（寝台急行）	車中泊
5日	ツンドラ（アグラ付近）↓ アグラ	クラークスシラッツホテル
6日	アグラ ↓ デリー	アショカホテル
7日	デリー ↓ ラホール	インターコンチネンタルホテル
8日	ラホール ↓ ハラッパ ↓ ラホール	インターコンチネンタルホテル
9日	ラホール ↓ デリー	アショカホテル
10日	デリー ↓	機内
11日	↓ 成田	

東京仏教学院設立50周年記念インド仏跡参拝の旅

（二〇〇一年二月十二日〜二十四日、十三日間、三六〇、〇〇〇円）＊添乗員を含めて二十九人

2月12日	成田 ↓ デリー	インターコンチネンタル
13日	デリー ↓ パトナ ↓ ラージギール	法華ホテル
14日	ラージギール ↓ ブッダガヤー	マハーヤナホテル
15日	ブッダガヤー ↓ ベナレス	ホテルクラークス
16日	ベナレス	ホテルクラークス
17日	ベナレス ↓ クシーナガル	ホテルロータスニッコウ
18日	クシーナガル ↓ ルンビニー	法華ホテル
19日	ルンビニー ↓ バルランプル	ホテルロータスニッコウ
20日	バルランプル ↓ デリー	ハイアットリージェンシ
21日	デリー ↓ アグラ	ジャイピーパレスホテル
22日	アグラ ↓ デリー	インターコンチネンタル
23日	デリー ↓	機内
24日	↓ 成田着	

あとがき

本書は二〇〇二年から四年かけて、宗教法人真々園の機関誌『真々園だより』に連載した、インド仏跡紀行文をまとめたものです。歳月を経ていても、ルンビニー以外の仏跡はあまり変わっておりません。

この旅日記は、二〇〇一年の二月十二日から十三日間の記録で、浄土真宗本願寺派築地本願寺内にある東京仏教学院が創立五十周年を記念して企画したツアーでした。これに参加した記述が「旅日記」です。

そのちょうど二十年前、一九八一年二月一日から十一日間、東方学院の研究会員（受講生）たちが企画して中村先生と一緒に、インド・パキスタンの旅行をしたことでした。それに関した記述も随所に入れました。

なお、「中村先生のことば」は『中村元選集第11巻・第12巻』（春秋社）によっております。「櫻井和上のことば」は、私が編集しました月刊誌『真仏教』（真々園）によっております。

仏跡については、前田行貴氏の『佛跡巡禮』（蓮河舎、その後『インド仏跡巡礼』として東方出版から発行）によるところが多くあります。要点は本書で取り上げましたが、くわしく知りたい方はぜひご一読をお勧めします。

本書発行にあたり、法藏館編集長の戸城三千代様、編集担当の上山靖子様、貴重な写真を提供していただきました写真家丸山勇様、ツアーの団長の白川淳敬《じゅんきょう》様ほか多くの方々にご協力いただきました。心より御礼を申し上げます。

二〇一四年六月

桜井俊彦

桜井俊彦（さくらい　としひこ）

1951年（昭和26年）、石川県中能登町明泉寺に生まれる。

國學院大学文学部卒業後、東方学院研究会員として24年間学院長中村元博士の指導を受ける。

南ドイツのフライブルク大学留学（1979年）。

東京仏教学院本科修了（1992年）。

月刊誌『真仏教』を編集。現在、季刊誌『真々園だより』の編集発行人。

現在　宗教法人真々園園主（2008年就任）。

『現代宗教評論』第２号（2008年）に記事掲載。

その他、『真々園だより』に掲載稿多数。

1979年　ヨーロッパ15カ国単独旅行（80日間）。
1981年　東方学院主催　インド・パキスタン学術調査旅行。
1984年　東方学院主催　インドネシア学術調査旅行。
1986年　シルクロード単独旅行（39日間）。
1994年　東方学院主催　韓国の仏教遺跡旅行。
2001年　東京仏教学院同窓会主催　インド仏跡参拝旅行。

インド仏跡ガイド

二〇一四年八月二〇日　初版第一刷発行

著　者　桜井俊彦
発行者　西村明高
発行所　株式会社　法藏館
京都市下京区正面通烏丸東入
郵便番号　六〇〇-八一五三
電話　〇七五-三四三-〇〇三〇（編集）
〇七五-三四三-五六五六（営業）

装幀者　原　拓郎
印刷　立生株式会社・製本　清水製本所

ISBN 978-4-8318-8199-1 C0015